教育方法46 学習指導要領の
改訂に関する
教育方法学的検討
「資質・能力」と「教科の本質」をめぐって

日本教育方法学会編

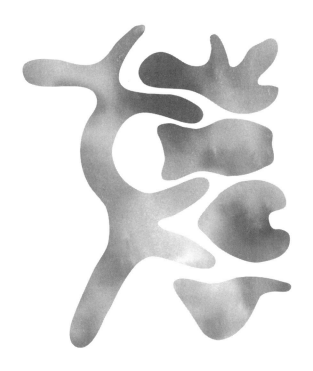

図書文化

まえがき

　新しい学習指導要領が2017年3月に告示された。今回の学習指導要領の改訂をめぐっては，「資質・能力」や「主体的・対話的で深い学び（アクティブ・ラーニング）」，小学校英語の「教科化」や「特別の教科 道徳」，あるいは「カリキュラム・マネジメント」等々，理論的にも実践的にも検討すべき課題は多い。日本教育方法学会としては，昨年に『教育方法45　アクティブ・ラーニングの教育方法学的検討』を，一昨年に『教育方法44　教育のグローバル化と道徳の「特別の教科」化』を編集・出版して，世に問うてきている。

　今回の「教育方法46」では，理事の意見で多かった「学習指導要領とは何か」を取り上げ，今回の改訂のあり方をも含めて「学習指導要領そのものの原理的な問い直し」をすることになった。編集委員会において本書の表題に「学習指導要領の改訂に関する教育方法学的検討」と「改訂に関する」を盛り込んだのは，新しい学習指導要領で示された内容を検討するレベルにとどまらない，そうした原理的な問い直しをも含めて教育方法学という学問的な立場から検討しようとする意図がある。

　従来の学習指導要領が「目標―内容」の提示にとどまり，「方法―評価」にかかわる多くを教育現場における各学校や教師の教育実践の創意・工夫にゆだねていたのに対して，今回は「目標―内容―方法―評価」が一体的に示されたことによって，「方法」や「評価」を通して教育現場の管理・統制が強まることが危惧されている。実際，すでに学校現場では新しい学習指導要領が告示される前から「アクティブ・ラーニング」等を先取るような教育研究が展開しているだけでなく，校内授業研究においては「教科書の使用」や「授業方法の推奨」が指導主事を通して強調される事態も見受けられる。国際的な「教育のスタンダード化」の波が，我が国の教育実践レベルにおける「方法のスタンダード化」を招いているのかもしれない。それだけに，本書では，「学習指導要領のあり方を問い直す」とともに，進行する「教育のスタンダード化」の現状についての

教育方法学的検討をもあわせて，学問的に明らかにしなくてはならない。

　また，今回の改訂の主導的な理念が，教科横断的に「資質・能力」を形成しようとするものであることから，そのことが各教科の「教科の本質」とどのように関係するのかは，これからの教育課程の編成と教育実践の展開にとって切実な課題である。一方で近年の国際的な教育改革の流れで注目されてきたコンピテンシーの日本的な対応としての「資質・能力」と，他方で戦後の教育実践において民間教育運動の側で使われてきた「教科の本質」との二つの用語が，今回の学習指導要領の改訂には混在している。その点を反映させて，本書の副題には「『資質・能力』と『教科の本質』をめぐって」を付すことにした。

　本書の構成は次の通りである。

　第Ⅰ部「**学習指導要領のあり方を問い直す**」は，七章で構成されている。まず，第1章で学習指導要領の歴史的・原理的な考察を行い，第2章で新しい学習指導要領の特質がグローバルな国際的な研究動向を踏まえて検討されている。それらを受けて，「資質・能力」と「教科の本質」をめぐる論議について，まず，第3章で教科を貫く一般教授学的な視点から授業のあり方が論じられ，それに続いて，第4章で「国語」，第5章で「社会」，第6章で「算数・数学」，そして第7章で「理科」と，各教科教育学の視点からの考察が並んでいる。

　第Ⅱ部「**教育のスタンダード化と教育方法学の課題**」は，三章で構成されている。教育の「スタンダード化」の問題は，たとえばヘルバルト主義による公教育の「定型化」にみられるように，教育方法学という学問がある種の「定型化」を提示する学問的性格を有しているという問題意識を踏まえ，まず，第1章では，教育の「定型化」の問題に教育実践がどのように挑んできたかが歴史的に考察されている。第2章では，今日の「授業のスタンダード化」の現状を踏まえて教育実践の課題が述べられている。第3章では，教育のスタンダード化が教師教育にどのような課題を提起しているかを検討している。

　第Ⅲ部「**教育方法学の研究動向**」についても今回の特集にかかわって，一つには，「学習指導要領の改訂」にかかわる論議においても教育における「エビデ

ンス」が引き合いに出されることをうけて，教育方法学の視点からこの方面の
レビューを行っている。二つには，「教育のスタンダード化」にかかわって，
日々の教育実践のなかでは「多様な文化的背景の子どもたち」に目を向ける必
要から，この方面のレビューを行っている。両方とも，今後の教育研究に役立
つ貴重な先行研究をレビューしている。

　本書は，学習指導要領の改訂をめぐって，「学習指導要領のあり方」そのもの
を原理的に問いながら，教育実践の方向性を「教育のスタンダード化」にかか
わって具体的に検討している。来年2018年度には，新しい幼稚園教育要領が全
面実施され，小学校及び中学校は移行期間に入る。2020年度に小学校から順次，
全面実施されることに向けて，今後も改訂された学習指導要領のより広範で多
角的な検討が必要である。本書が，これからの学校教育のあり方を考えていく
際に，さまざまな視点を整理したり，これまでの教育実践のあり方を見直した
り，新たな授業実践を構想する際の手がかりの一つになることで，その役割を
果たすものと確信するものである。

　日本教育方法学会の会員のみならず，教育に関心を持たれている多くの方々，
とりわけ学校教育の現場で日々の教育実践を担っておられる先生方に，本書を
手にとっていただき，批判的に検討していただくことで，より充実した論議が
生まれ，新しい学習指導要領のもとで実り豊かな教育実践が展開することを願
っています。そして，今後も学会理事を中心としつつも会員の皆様の協力によ
って生まれる「教育方法」を継続的に刊行していくことで，学会としての社会
的使命を果たすことに尽力していきたいと思います。

　2017年8月

代表理事　深澤　広明

目次 教育方法46

まえがき　　　　　　　　　　　　　　　　　　　　　　　深澤広明　　2

第Ⅰ部　学習指導要領のあり方を問い直す

1　学習指導要領の原理的考察と今次改訂の特質　　　安彦忠彦　　10
1　学習指導要領はなぜつくられたのか　10
2　学習指導要領の基本的性格の歴史的推移—3つの視点から—　12
3　今次改訂の特質—その意図と結果—　18

2　グローバル化の中の次期学習指導要領の特質　　　中野和光　　23
1　はじめに　23
2　OECD の政策との関係　24
3　これまでの教育改革との関連　25
4　脱コンピテンシーの動き　26
5　コンピテンシー志向の教育をどのようにとらえるか　29
6　おわりに　30

3　資質・能力ベースのカリキュラム改革と教科指導の課題
—教科の本質を追求する授業のあり方—　　　石井英真　　35
1　はじめに　35
2　資質・能力ベースのカリキュラム改革　36
3　資質・能力と AL が提起する授業改革の方向性　38
4　日本の教師たちが追究してきた創造的な一斉授業の発展的継承　41

4　「資質・能力」の形成と「教科の本質」：国語　　　松崎正治　　49
1　学習指導要領改定に向けてのこれまでの動向　49
2　問題の設定　51
3　〈認識・表現の力を育てる系統指導（案）〉の検討　52
4　西郷竹彦案の背景にある言語理論　55
5　「コンピテンシー」重視と「教科の本質」論との両立は可能か　57

5 「資質・能力」の育成と「教科の本質」：社会　　　池野範男　61

1 本稿における問題と構成　61

2 問題とその構造　61

3 従来の見解とその課題　63

4 教科「社会」の問題：原理的パースペクティヴ　65

5 教科「社会」における学習原理　67

6 結　論　71

6 「数学を教える」のか「数学を通して教える」のか
　　—「思考力」や「態度」は教育目的たりうるか—　　　大田邦郎　73

1 はじめに　73

2 新学習指導要領の「目標」　74

3 新学習指導要領の「内容」　75

4 「学力観」は転換したか　76

5 数学教育の目的　77

6 数学的活動　79

7 「スパイラルによる教育課程」　80

8 学習指導要領と教科書　82

9 おわりに　83

7 学習指導要領・理科を支える柱
　　—知識・技能の習得と熟達—　　　大野栄三　84

1 はじめに　84

2 次期学習指導要領・理科の構造　85

3 2本目の柱「思考力・判断力・表現力の育成」の解体　87

4 新しい柱「知識・技能の熟達」　88

5 堅牢さのない柱「態度」　90

6 教科「理科」の本質と科学的な見方や考え方　92

7 おわりに　93

第Ⅱ部　教育のスタンダード化と教育方法学の課題

1　教育の「定型化」に挑む教育実践研究の歩み
　　　―明治期・大正期・昭和期の授業研究に焦点化して―　　　北田佳子　98

　　1　問題の所在　98
　　2　明治期における「定型化」の進行　99
　　3　大正期における「脱定型化」の試行　101
　　4　昭和戦後期における「再定型化」に対する挑戦　105
　　5　おわりに　108

2　授業のスタンダード化と教育実践の課題　　　福田敦志　112

　　1　はじめに　112
　　2　教育における「包摂」のしくみの再構築　113
　　3　授業のスタンダード化のなかで生み出される世界　117
　　4　対話が生み出される授業づくりの視点と課題　121

3　教育のスタンダード化と教師教育の課題　　　姫野完治　126

　　1　スタンダードに基づく教育改革の拡大　126
　　2　教育のスタンダード化と教師教育　128
　　3　「教師の学び」の視点からスタンダードを考える　134
　　4　今後の課題　135

第Ⅲ部　教育方法学の研究動向

1　「エビデンスに基づく教育」に関する研究の動向　　藤江康彦　140

- 1　「エビデンスに基づく」教育とは　140
- 2　「エビデンス」をめぐる議論　141
- 3　教師の専門性に関する議論　143
- 4　教育研究のあり方についての議論　145

2　多様な文化的背景の子どもたちに対する教育に関する研究の動向と今後の課題　　金井香里　151

- 1　はじめに　151
- 2　ニューカマーの子どもに対する教育に関する研究の動向　153
- 3　ニューカマーの子どもに対する授業の方法に関する研究の動向　156
- 4　米国における文化的マイノリティの子どもたちへの教育をめぐる議論　157
- 5　ニューカマーの子どもに対する教育の方法をめぐる今後の課題　159

I

学習指導要領のあり方を問い直す

1 学習指導要領の原理的考察と今次改訂の特質

2 グローバル化の中の次期学習指導要領の特質

3 資質・能力ベースのカリキュラム改革と教科指導の課題
―教科の本質を追求する授業のあり方―

4 「資質・能力」の形成と「教科の本質」：国語

5 「資質・能力」の育成と「教科の本質」：社会

6 「数学を教える」のか「数学を通して教える」のか
―「思考力」や「態度」は教育目的たりうるか―

7 学習指導要領・理科を支える柱
―知識・技能の習得と熟達―

1 学習指導要領の原理的考察と今次改訂の特質

神奈川大学 **安彦 忠彦**

「学習指導要領」といわれるものは，第2次世界大戦における日本の敗戦後に登場したもので，当時の政治的な事情がその存在と基本的性格を規定している。それは，敗戦まで日本の公教育の理念的基準であった「教育勅語」に代わって，「教育基本法」が制定されたことと不可分の関係にある。戦前の天皇の「勅語」を頂点とする「勅令主義」の公教育から，戦後の国民の「法令主義」への転換に則して，教育基本法のもとで「学校教育法」がつくられ，その下に「学校教育法施行規則」がつくられて，公教育の民主化の理念の具体策の一つとして，さらに「学習指導要領」がつくられたのである。「学習指導」という用語が使われたことも，それが，天皇の命令に従う戦前の勅任官としての教師の「教師用書」とは明確に異なり，「子供の学習を指導する」教師のガイドになるものとしてつくられた，という性格の変化を示している。

❶ 学習指導要領はなぜつくられたのか

○「新教育指針」に代わるものの必要─「国の一応の基準」として─

敗戦後，日本を占領した米国を中心とする連合国側の総司令部（GHQ）のもとに，1945年9月22日付で，教育政策を担当する「民間情報教育局 CIE (the Civil Information and Education)」が設立された。以後，日本側の文部省及び教育関係者は，ほぼすべての重要事項について，このCIEとの交渉が必要となった。当初は戦時までの「軍国主義教育」に関係する教員の追放や，教科及び教科書に対する応急的な禁止措置などが主であったが，とくに1946年3月に来日した「第1次米国教育使節団」の報告書が出たあとは，教育制度と教育課程

全体に対する改革を進めるため，小・中・高の新学校体系を貫く教育内容を確定することが必要であった。

　戦後の公教育制度は，国家に対しては地方，教師に対しては子供，必修に対しては選択など，旧制度とは対極的なものに完全に転換させようとしたものだといってよい。その転換を示すものとして，ＣＩＥが戦後教育について，「教員のガイドブック」となるようなものを出すよう求め，これを受けて文部省は1946年5月に「新教育指針」というものを示した。しかし，「教科課程をどんなふうに生かしていくかを教師自身が自分で研究して行く」べきものとして，同書をその「手引き」と見なしていたにもかかわらず，その具体策については十分明確にしていなかった[1]。そこで，文部省は日本側に教科課程改革準備委員会を設け，まず教育課程改革に取り組もうとしたが，ＣＩＥから6・3・3制の学校制度改革を踏まえた，それに見合う「学習指導要領（Course of Study）」作成をまず求められたので，同委員会の「準備」の文字を取って正式の委員会とし，第1次米国教育使節団報告書をも部分的に受けて検討を進め，1947年3月末にこれを示したのである。実は，「教育基本法」や「学校教育法」とほぼ同時期に作業を進めていたが，結果的に発表は「学習指導要領」の方がわずかだが先となった[2]。

　その登場の理由を3点にまとめておきたい。

　一つは，地方分権的な教育行政の理念をとりつつも，「新教育指針」に代わる国レベルの「一応の基準」が必要であったということ。

　二つは，新制の中学校・高校を含む6・3・3制の単線型学校制度を創設するうえで，それを貫く教育内容の編成原理が必要だったこと。

　三つは，子供の発達や興味及び社会生活を基礎とする教育課程を構築するために，その具体化を各学校の教師に期待したこと。

　したがって1947年の「学習指導要領」は，「新教育指針」を引き継ぐものとして，「試案」ではあったが，戦後教育の方針を「国の一応の基準」として示す「手引き」であると明確に規定されていた。1951年のものもまだ「試案」として教師の手で改善されるべき意向を示しつつ，より本格的な形の非常に厚

12　第Ⅰ部　学習指導要領のあり方を問い直す

手のものになったが，それでも教師の「手引き＝ガイドブック」としての性格
のものであった。

　このように，「学習指導要領」は，登場した時点での政治状況や教育政策に
密接に結びついていたのである。教員による改善を促す「一応の」ものとして
登場したのであるが，「基準」として国レベルでの方向性や方針を示したもの
であり，その必要性は最初から自覚されていたといってよい。それは，始めか
ら国レベルのものを軽視したわけではなく，国が戦後新教育の導入を図り，そ
の具体化に努めたからであり，国全体としての方向性を明確にするうえで，最
低ないし原則的な，しかも学校現場で教師が主体となって改善できる手引き，
としての性格を持たせているのである。これが，後に政治状況が変わることで，
その性格を変えることになるのであるが，基本的には「国の基準」を必要とし
ていたことは確実である。

❷　学習指導要領の基本的性格の歴史的推移―３つの視点から―

　学習指導要領の「原理的考察」ということでいえば，通常の「教育目標」，「教
育内容」，「教育方法」及び「教育評価」がどのように規定されているか，とい
う「内容」上の原理的特徴の変遷を，歴史的に例えば，経験主義　→　系統主
義　→　内容の現代化　→　人間化　→　ゆとり　→　生きる力　→　実社
会・実生活に生きる力（活用力）　→　資質・能力（コンピテンシー）重視，
というように整理する場合がほとんどである。筆者もその種の整理をしたこと
がある3)。そこで，ここではそういう整理をすることは他書に譲り，むしろ「形
式」上の基本的性格を整理しておきたい。その視点は，教育課程の，①基準性
（法的拘束力）の強弱，②責任主体，③水準と範囲，の３点に絞ることとする。
○ 昭和22（1947）年，26（1951）年：
　「試案」でありつつ「手引き＝ガイドブック」
　この2回の学習指導要領は，先に見たように基本的に「地方分権」「教師主体」
「子供の興味・生活経験・問題解決活動」重視の公教育の方針に従ってつくら

れたものであり，その結果，国による法的拘束力の弱い「手引き」であって，教師がこれを改善できる「試案」レベルのガイドブックとしての参考書であり，具体的な自校の教育課程編成の責任主体は全面的に「教師」であることが前提とされている。それだけの力量を教師に求めていたといえる。

とくに昭和26（1951）年の「試案」は，それまでの教科中心の考え方を変えて，経験主義的な教育課程として示され，授業時数についても幅を持たせる柔軟な扱いが可能となるようにつくられた。それだけに，従来の教科主義的な教育課程からの脱却が求められたので，その記述はきめ細かく丁寧に書かれており，教員にもよくわかるように詳細な説明で分厚いものになった。その意味で，その基本的性格は，昭和22（1947）年の「教師の手引き」としての特徴が一層明確になっており，教育課程編成の責任主体は，ほぼ全面的に「教師」であったといえよう。

○ 昭和33（1958）年：「法的拘束力」をもつ「最高基準」

しかし，まず政治状況が変わったのが，昭和25（1950），26（1951）年の朝鮮戦争である。これに関係して来日したのが「第2次米国教育使節団」である。その報告書は，明らかに朝鮮戦争による日本の左翼化（共産主義・社会主義化）を防ぐために，自由民主主義政治体制の保持・強化を図るために書かれており，ある意味で非常に政治的なものであった。政治との関係の問題は「公教育」が負わねばならない宿命であるが，戦後，昭和27（1952）年の日本の独立までは，占領軍による間接統治下の日本の教育改革は，すでに確かに政治的なものであり，中央の行政権力による支配とそれへの従属が強く求められた。

したがって，戦後の「公教育の政治的・宗教的中立性」の問題については，やや丁寧な議論が必要であるが，結論的には「公教育」も「教育」であって，「教化」や「訓練」でないことを示すには，この中立性は子供の「自立」にとって必要不可欠な条件であり，自由民主主義国であるならば，可能な限り守るべき原則である。この意味で，その「政治性」は，この原則によってその妥当性が測られるといってよい。そう考えると，占領下の公教育政策は，「国の支配から離れて中立性を確保するよう」求めた初期の頃のものが妥当であり，昭和

14 第Ⅰ部 学習指導要領のあり方を問い直す

33（1958）年以降の政策は，中央集権的な国の支配に従順に従わせようとした
ものであったので，妥当性は低くなったというべきであろう。

　このような政治的背景もあって，昭和33（1958）年の学習指導要領の改訂
では，「試案」の文字が消えて「国家基準」としての法令的性格を示すために，
学習指導要領自体が「官報」に告示される形で公示されるものとなった。これ
により「法的拘束力」をもつとされることとなり，もはや「順守すべきもの」
であって，単に参考とすべきガイドブックではなくなったのである。この意味
で，そこに示された事項は，それ以上・以外に逸脱すべきものではなく，最高・
最大の範囲を示すものとしてとらえられた。教育課程編成の責任は，「国家」
レベルでは「学習指導要領」というものを作成する責任を，国たる政府・文部
省が主体的に負い，教師はそれに「準拠」して各学校に最適な「教育課程」を
編成する作業責任だけを負う，ということとなった。

○ 昭和52（1977）年，平成元（1989）年，平成10（1998）年：
　規制緩和による「大綱化」と「最高基準」

　昭和33（1958）年の学習指導要領は，10年後の昭和43（1968）年に改訂さ
れたが，その法令上の性格は不変であった上に，その知識の系統を重視する教
科中心の系統学習が一層強まり，その知識を最新のものにする「教育内容の現
代化」の世界的潮流が日本にも及び，教科内容を高度化・現代化した。

　しかし，その結果，授業についていけない子どもの，いわゆる「落ちこぼれ」
現象が社会的に問題となり，国の基準の求めるレベルが高く，厳し過ぎること
への批判が生まれた。そこで改訂を早めて昭和52（1977）年に新たな学習指
導要領を定め，学校現場で自由裁量できる時間を1時間設けるなど，学校に「ゆ
とり」をもたせる方向で「規制緩和」を行い，学習指導要領も戦後初めてレベ
ル・ダウンし大綱化して，国があまり細かく，厳しい要求をすることは控える
こととなった。その傾向は，次の平成元年の改訂による「生活科」の導入，同
10年の改訂による「総合的な学習の時間」の導入においても一層強められ，
ともに学校での教員の自由裁量による創意工夫を促し，とくに10年の改訂で
は「生きる力」の育成を標語として，「知識中心」の「詰め込み教育」から子

どもの側の「個性的・経験的・総合的思考」重視の「ゆとり教育」への転換が図られた。結果として，教育内容の3割削減と，それによる教科の授業時数の削減が行われ，子供たちの学習負担が質的にも量的にも軽減された。

　それでも，国としてはそこに示す教育内容の質と量は上限であり，それ以上・以外の内容を教えてはならないという「最高基準」の趣旨を変えなかった。

○ 平成15（2003）年：一部改正により，大綱だが「最低基準」

　その方向性が大きく変えられたのが平成15（2003）年の「一部改正」である。平成元年の改訂により導入された「総合的な学習の時間」が「ゆとり」ではなく「ゆるみ」を学校教育にもたらしたと評され，さらに平成12（2000）年のOECD/PISAの国際学力調査で，とくに「読解力」の成績下落に見られる「学力低下」が生まれた，との当時苅谷剛彦東京大学教授を中心とする強い批判が起きて，これが社会的な論争を生むこととなり，その結果「確かな学力」の育成をスローガンに，平成15（2003）年に，実施中にもかかわらず学習指導要領の一部改正が行われた。それは，学力低下を防ぐために「基礎基本」の教育をあらためて重視し，総合的な学習による「思考力」育成とのバランスをつくるというもので，「総合的な学習」の価値は認めたうえで，「思考力」重視の方向性を維持しつつ，その質の向上をめざすものであった。

　学力低下を克服するためには，従来，国の基準としては「最高・最大」の教育のレベルと範囲を示すとしていたのをあらため，むしろ学力の最低レベルを示すもので，上限を撤廃して，より高いレベルの教育を現場で可能とし，またすべての子どもに一定レベル以上の学力をつけることをめざすこととして，授業時数をほぼ元に戻し，学習指導要領の示すものは「最低基準」であること，それによって学校の教員は「すべての子供に最低の共通基礎教養」を保障すべきものとした。これにより，国の基準は「最低・最少」のレベル・範囲のものであり，それ以上・以外のことも子どもたちに教えてよいものとした。この性格は現行にも引き継がれている。

　この点で，平成15（2003）年の一部改正は歴史上重要な変更を行ったものといえるのだが，一般にジャーナリズムでも無視されていることは，重大な認

16　第Ⅰ部　学習指導要領のあり方を問い直す

識の誤りであるといってよい[4]。

　なお，平成19（2007）年の学校教育法の改正により，同施行規則では，国の定める「教育課程の基準」として「学習指導要領」が公示されることを，小学校では第52条，中学校では第74条，高校では第84条に明確に規定して，それが「国家基準」であることを明示した。

○ 平成20（2008）年：大綱化を保ちつつ「最低基準」を維持

　平成20（2008）年の全面改訂は，平成15（2003）年の一部改正とほぼ同じ方向を教育課程全体に拡大し，「大綱化」と「最低基準」をともに引き継ぎ，「実社会・実生活に生きる力」を育てることをめざして，「基礎基本」と「思考力等」のバランスを保ち，「実社会・実生活に生きる活用力」の育成のために「活用型」学習を教科の学習に導入して，そのような教科学習と「総合的な学習」とを結合させて，めざす能力の質の向上を図った。具体的には，教科のほうの授業時数を増やして活用型の学習を保障し，しかも総合的な学習の時間は減らしても，その活用型学習によって教科学習と結びつけることで厚みをもたせ，総合的な学習のねらう能力の質の向上を図った。ただ，実際には，小・中学校はその趣旨が教科書にも反映されたが，高校における「活用型」学習がほとんど省みられず，十分な成果をあげているとはいえなかったので，高校のほうは次の改訂で重点的に手が入れられることとなった，という事情がある。

　この意味では，学習指導要領の基本的性格は，平成15（2003）年の一部改正以後不変であり，「大綱的」かつ「最低基準」のものとして，各学校での教師の教育課程の編成の際に，準拠すべき国家基準であった。その際，各学校での編成において，国の基準以上・以外のものも含め，教師には地域の特色，子どもの実態等に応じて創意工夫を期待するとして，とくに指導過程・指導方法・指導形態については，細かく記述することはなかった。

○ 平成29（2017）年（次期学習指導要領）：
大綱化を転換し，指導過程・指導方法も細かく記述。「最低基準」は不変

　ところが，今回の改訂の基本的性格についてだけ触れておくと，従来の「大綱化」路線＝「規制緩和」路線を事実上変更したともいえる。教育内容の記述

のみでなく，実際の授業における指導過程・指導方法・指導形態などの「教育方法」の面についても，従来以上にきめ細かく改善の視点などの具体的指示がなされ，その結果，その記述の分量もこれまでの1.5倍以上になり，もはや「大綱」とはいえないほどのものになった。その理由として，今回の改訂がかなり大きな内容上の変更と体裁上の変更をめざしたこと，教員の間では世代交代の真っ最中であり，若い世代が増えてきて，そのためには，より丁寧な記述が望まれるという声があったこと，また大学教育がアクティブ・ラーニング（Active Learning，ＡＬ，能動的学習）の導入による変革の最中にあり，高校以下の授業のあり方をその方向で根本的に変えねばならないという，高校教育への具体化の徹底を図る方針が採られたことなどがあげられる。

　そこで，従来の「教育内容」の規定だけではなく，「教育方法」たる授業形態（指導過程・指導方法・指導形態等），さらにはそれに連動して「学習評価」にも，同時に教員の改革意欲や改善への関心を向けさせたいとの意図が込められたといってよい。文部科学省の担当者は，「大綱的な」ものとするという基本的方針は変えていないといっているが，「ゆとり教育」時の教育内容削減が学力低下につながったとのバッシングに懲りた思いもあり，今回の学習指導要領は，ほとんど量的に減らした部分はなく，教科等で増やした部分ばかりが目立ち，学校現場の教員の負担は増している。結果的に，「教育内容」の削減による「体裁の変更」はほとんどなく，「大綱化」については事実上の方針転換が行われたことになり，また「最低基準」であることと授業時数を変更する議論はほとんどなかったため，規制が強化された印象は否めない。

　総じて，以上のように見てくると，「学習指導要領」というものの基本的性格が，①②③の視点から見ると，大きく次のように変遷してきたことがわかるといえよう。

・第1期：昭和22（1947）年版，26（1951）年版（約10年間）
　　①「試案」，ガイドブック　②教師主体　③「国の一応の基準」，水準は柔軟に動かせる
・第2期：昭和33（1958）年版，43（1968）年版（約20年間）

18　第Ⅰ部　学習指導要領のあり方を問い直す

　　　①「法的拘束力」をもつ「教員が準拠すべきもの」　②国家主体　③「国
　　　の正規の最高基準」
・第3期：昭和52（1977）年版，平成元（1989）年版，10（1998）年版（約
　25年間）
　　　①「法的拘束力」をもつが「規制緩和」　②国家主体　③「国の正規の最
　　　高基準」は不変
・第4期：平成15（2003）年版，20（2008）年版（現在までの約15年間）
　　　①「法的拘束力」と「規制緩和」は不変　②国家主体　③「国の正規の
　　　最低基準」に変更
・第5期：平成29（2017）年版（次期）
　　　①「法的拘束力」をもち「規制強化」を示す　②国家主体　③「最低基
　　　準」は不変
　以上のように，「学習指導要領」は，形式上も決して歴史的に一貫した性質
をもってきた絶対的なものではない。むしろほぼ10年ごとに見直しを行い，
ほぼ10年を単位に改訂して，「不易」と「流行」の観点から，その基本的性格
さえも変えられてきている。では，次期学習指導要領は，内容と形式の両面で
どのような原理的性格のものになるのか，やや詳しく見ておこう。

❸　今次改訂の特質―その意図と結果―

　2017年3月末に公表された次期学習指導要領の小学校と中学校版は，結果的
には「内容」上の削減はなく，授業時数を増やすことにも限界があるのに，「方
法」上は，基本的に時間のかかるＡＬ的な学習指導と授業形態が必要なので，
そのことについての記述が非常に増えている。結果的に，抑制的とはいえ「教
育方法」面での提言・助言的説明が増え，かなり細かい提言が書かれているの
で，教員個々人の創意工夫は，伸び伸びと自由には行えないことになろう。こ
のような変化は，学習指導要領改訂に関する，平成28（2016）年12月21日の
中教審答申が従来のタイトルに「及び必要な方策等」という文言が加えられて

いることにみる人もいるが，部分的にはそうかもしれない。若い経験の浅い教員は，一時的には歓迎するかもしれないが，長い目でみたとき，教員の力量の向上に益するかどうか疑問である。

　また形式面では，「法的拘束力」は変わらないので，細かい記述それ自体が細かい規制力を生むこととなり，「規制緩和」の方向は事実上修正されることとなろう。教員は，教える内容のみでなく，指導の方法や形態まで縛られるとの感を抱くと思われる。学校現場の教員の多忙さや経験の浅い世代の教師の増加を考えると，教員は単なる公教育の下働き，第一線の駒として，従順に黙って指導の任を務めればよいと見られているように思われ，「専門職者」としての自律的な専門家と認められていない扱いだといってよい。保護者も最近は高学歴化してきており，教員はすべての保護者の社会的尊敬を受けることができなくなっているので，今後の国際学力調査などでの成績・順位は下がると予測される。なぜなら，成績・順位の高い国は，ほぼ教員の社会的地位や尊敬が相対的に高い国ばかりだからである。

　では，今次改訂によって公示された次期学習指導要領の特徴をいくつか見てみよう。

（1）「社会に開かれた教育課程」＝「コンピテンシー」ベースの教育課程

　今次改訂の標語として高調されたのが，「社会に開かれた」教育課程の編成をめざして構想された学習指導要領だ，ということである。従来から「社会的要請」に応えた教育課程になってはいたが，それ以上に社会に向かって学校を開放し，社会人や保護者の参加という社会との連携や協働を促すとともに，近未来の社会が必要とする資質・能力たる「コンピテンシー」＝教科を超えて実社会に生きて働く，総合的・汎用的な問題解決能力の高い人材の育成を図るという[5]。筆者はこれに対して，「人格性」や「学問的な力」は育つのかと役人に質問し，大丈夫だという答えを得たことがあるが，その面への配慮が欠けることが心配である[6]。

（2）「主体的・対話的で深い学び」という視点による指導過程・指導方法

　上記のコンピテンシーを育てるために，中教審の審議の過程ではＡＬという

表現が使われたが，答申では「主体的・対話的で深い学び」という視点から指導過程・指導方法を考案するよう教員に勧められている。そのためには「単元」単位で授業をつくることが必要であると強調され，また自ら考え自ら学ぶ，しかも協働的で構造的に意味のある学習が展開されるよう求められている。筆者は，このこと自体は望ましいと思っているが，そのための「教育内容の精選・重点化」や「授業時数の確保」が実行可能かどうかを心配している。

(3)「教科等横断の学習をめざすカリキュラム・マネジメント」の強調

　それには，教科を超える視点を教員間で共有するために，カリキュラムの計画・実施・評価の全体にわたってマネジメントをすることが必要であるので，①ＰＤＣＡのマネジメント・サイクルを励行し，②教科間連携を密にするマネジメントを工夫し，③学校の内外の人材・資源を有効に活用する努力が必要だとする。問題は，このようなマネジメントをする十分な人的・時間的余裕が学校現場にあるか，ということである。それを生み出すような条件整備が速やかに進められねばならない。

(4)「三つの学力要素」による観点別学習評価の全面実施

　従来は小・中のみで必須であった「観点別学習状況」の評価を，高校まで必須のこととし，しかもその観点を，学校教育法第30条2項に規定する，いわゆる「学力の3要素」たる「基礎的な知識・技能」「思考力・判断力・表現力等」「主体的な学習意欲・態度」によって全学校種で統一するという。これは，あまりに形式的に統一しようとしていて，具体的な評価の観点として機能するかどうか疑わしく，形式に流れ，評価が空転するのではないかと心配している。

(5) 政治主導による「特別の教科 道徳」の実施

　この「特別の教科 道徳」は2018年度から前倒しで実施されるとのことだが，「討論・議論」を中心とする授業により，多面的に考え，多様な立場があることを相互に理解するものとするとしているが，実際に教科書の検定においては，すでに「日本」の伝統文化，「日本人」の固有性などを重視するよう検定意見が付されて，日本的な考え方を育てたいとの意図が見て取れる。グローバル化が進む時代なのに，内向き志向の傾向が垣間見える。

以上の5つ以外にも留意すべきことがあるが，ここでは，むしろ「隠れたカリキュラム」としての「政治的圧力」との関係について触れておきたい。筆者も現行の学習指導要領の中央での改訂作業に関係したが，その際，中央教育審議会の審議の最中には，少なくとも政治家は委員に対してほとんどアプローチしてこなかった。ところが，審議会の手を離れて役人に責任が移ったとき，例えば「中教審答申」が出たあと，役人に個人的レベルで働きかけたり，最後の答申に至る直前のパブリック・コメントのときに，見えないところで大きく動き，修正させようとしたりする。後者は合法的なものであるが，だからといって重視しなければならないわけではない。審議会の答申の方針や内容と合わなければ，採用しなくてもよいのであり，そういう場合はこれまでにも多くあった。大体，答申内容に賛成の声は寄せられないのが通常であるから，異論や反対の意見が多くなるのは当然である。それを入れていたら，何のための審議会かと疑われることになろう。

　実際，今次改訂でも，パブリック・コメントにおいて修正が求められた箇所や，「特別の教科　道徳」の検定教科書で，「自国を愛するという観点から」，パン屋を和菓子屋に変えよという検定意見がついたため，そのように変えたということが新聞ダネになったように，臨時に任じられる教科書調査官の選び方によっても，「教科書」の教材レベルで「政治的中立性」を脅かす動きが出てくるのである。今後は，もっとこの種の動きが活発になるのではないかと危惧する。

　かつては，この種の政治的介入は保守派の動きに対して左翼のほうからなされたのだが，そのときは保守派の政治家が「政治的中立性」が損なわれるとして反対していたのに，最近のように保守派や右翼的な人からの介入については，誰もほとんど問題にしないのはおかしい。なぜなら，この「政治的中立性」は，子供たちが自分の力で政治的判断を下せる「自立」のときまでは，できる限り公平・平等に知識を与えるべきだからで，そのあとで子ども自身が思想的にどのような立場に立つかを，自力で判断できるようにするために必要な措置だからである。筆者が「教育」が「教化」「訓練」「洗脳」「宣伝」とは異なり，「自

22　第Ⅰ部　学習指導要領のあり方を問い直す

立」を達成することが固有の目的であると主張するのも，この点にかかっているからである[7]。

　「教育」が子供の「自立」をめざすものであれば，「公教育」もそれに役立つ条件として，教員の専門職性を高めつつ，「学習指導要領」の原理的性格を，①国家基準を弱め，②教員を責任主体とし，③最低基準を保障するようなものとすることが望まれる。

＜注＞

1) 日本近代教育史刊行会編（1973）『日本近代教育史』仲新監修，講談社.

2) 肥田野直・稲垣忠彦共編（1980）「教育課程（総論）」『戦後日本の教育改革 第6巻』海後宗臣監修，東京大学出版会.

3) 例えば，その種のものとして，安彦忠彦（2008）「第1章　今次教育課程改訂の特色は何か─教育課程改訂の変遷から見る─」，安彦忠彦編『小学校新教育課程 教科・領域の改訂解説 平成20年版』明治図書出版では，昭和22（1947），26（1951）年：経験主義教育をめざすもの→昭和33（1958）年：系統主義・本質主義への転換→昭和43（1968）年：教育内容の現代化→昭和52（1977）年：初めて教育水準をダウン→平成元年：隔週五日制と生活科の導入→平成10（1998）年：完全五日制の実施と総合的な学習の導入，と整理している.

4) 安彦忠彦編（2004）『小学校新学習指導要領Q&A：解説と展開 総則編　一部改正（平成15年12月）対応版』教育出版.

5) 大杉住子（2017）「『社会に開かれた教育課程』の意義と方策」，『教育展望』4月号63（3），pp.4-10，教育出版.

6) 安彦忠彦（2014）『「コンピテンシー・ベース」を超える授業づくり：人格形成を見すえた能力育成をめざして』図書文化社.

7) 安彦忠彦（2017）「これからの教育の方向と課題─次期学習指導要領答申を踏まえて─」，『教育展望』3月号63（2），pp.4-11，教育出版.

2 グローバル化の中の 次期学習指導要領の特質

美作大学 **中野 和光**

❶ はじめに

　次期学習指導要領の改訂の基本的考え方を，文部科学省は，次のように説明している。

　教育基本法，学校教育法などを踏まえ，これまでの我が国の学校教育の実践や蓄積を活かし，子供たちが未来社会を切り拓くための資質・能力を一層確実に育成する。その際，子供たちに求められる資質・能力を社会と共有し，連携する「社会に開かれた教育課程」を重視する。

　現行学習指導要領の枠組みや教育内容を維持し，すべての教科等を，①知識及び技能，②思考力，判断力，表現力等，③学びに向かう力，人間性等の三つの柱で再整理し，「何ができるようになるか」を明確化して，「主体的・対話的で深い学び」によって知識の理解の質を高め資質・能力を育む。

　このような資質・能力の育成のための教育活動の質を向上させ，学習効果の最大化を図るためには，各学校において，教育内容や時間の適切な配分，必要な人的物的体制の確保，実施状況に基づく改善などを行うカリキュラム・マネジメントを確立する（「幼稚園教育要領，小・中学校学習指導要領等の改訂のポイント」）。

　このように，次期学習指導要領においては，資質・能力の育成，＜何ができるようになるか＞を明確化した「主体的・対話的で深い学び」「カリキュラム・マネジメント」が強調されている。

　この説明の中で，「教育基本法，学校教育法などを踏まえ」と書かれているように，今回の改訂は，2006年の教育基本法と学校教育法改正と関連している。

24　第Ⅰ部　学習指導要領のあり方を問い直す

また，資質・能力の育成の強調は，OECDのPISA調査を中心にしたコンピテンシーに基づく教育改革の動きとも関連している。本稿は，最初にOECDのPISA調査を中心にしたコンピテンシーに基づく教育との関連を検討し，次に日本のこれまでの教育改革との関連を検討する。そのうえで，次期学習指導要領の特質を全体として検討して見たい。

❷　OECD の政策との関係

OECDは，世界中の経済と福利の改善の促進を目的とする団体である。PISA以外に，成人スキル調査，高等教育学習成果評価，学習環境評価，教職に関する国際サミットなどの事業を行い，各国の教育のスナップショットとして各国教育指標（Education at a Glance）を刊行している（OECD Work on Education and Skills, 2017）。

PISA調査は，その責任者であるシュライヒャー（A. Schleicher）によれば，教育制度が生徒たちを人生にどのようによく備えさせているかについての情報を探求し，教育制度の総体的な強さと弱さ，教育制度の進歩のペースの情報を与えることを目的としている（A. Schleicher, 2010）。シュライヒャーによれば，教育的成功とは，もはや主要には内容知識の再生についてではなく，知っていることから抽出して，その知識を新しい状況に適用することに関するものであるという。教育は，より思考の方法（創造性，批判的思考，問題解決，意思決定を含んで），作業の方法（コミュニケーションと協働を含んで），作業のための道具，社会的情緒的スキル（勇気，誠実，好奇心，指導性，回復力，共感）についてとなりつつある。グローバル化された世界においては，教育の公的な政策の基準は，もはや国家的ではなく，国際的でなくてはならない（A. Schleicher, 2015）。

知識経済の時代には，21世紀型スキル，キーコンピテンシーが必要であるという考えには，OECDのこのようなレトリックが背景にある。

3年ごとに行われるPISA調査の結果は分析されて，順位表，できる国，がん

ばる国のプロフィールが発表される。「位置の向上を目指した競争」（M. Uljens, 2007）が行われ，OECDのレトリックが各国の教育政策に浸透し始めている。

　日本においては，経済界の動きを背景に教育再生実行会議を推進機関として，中央教育審議会の審議を経て実行に移されている。2014年4月に「日本-OECD共同イニシアティブ・プロジェクト」がグリアOECD事務局長と下村文科大臣の間で合意されている。2015年5月14日の教育再生実行会議第7次提言では，これからの時代に生きる人たちに必要とされる資質・能力，求められる資質・能力を培う教育内容・方法，等が提言されている（教育再生実行会議第7次提言，2015）。2016年4月19日の経団連の「教育改革に関する基本的思考—教育促進のための第3次基本計画の定式化」（英文）は，①何ができるようになるか，②何を学ぶか，③どのように学ぶか，という3つの視点からのカリキュラムと学習・教授方法の改革を肯定的に評価している（Keidanren, 2016）。「教育とスキルの未来：OECD 教育2030」においては，知識，スキル，人間性を一体的に捉え，アクティブ・ラーニングを推奨している（第2回日本・OECD政策対話，2015：白井，2017）。このように見てみると，OECD，経済界，教育再生実行会議，中央教育審議会答申，次期学習指導要領を通して連動しているのは，知識，スキル，人間性を一体的に捉えることとアクティブ・ラーニングである。

❸　これまでの教育改革との関連

　文科省の説明に教育基本法，学校教育法を踏まえてとあるように，能力と態度を養うことは，次のように法律に記述されている。

　改正教育基本法第一条（教育の目的）は，次のように記述されている。

　　「教育は，人格の完成を目指し，平和で民主的な国家及び社会の形成者として必要な資質を備えた心身ともに健康な国民の育成を期して行われなければならない」

旧教育基本法になかった「資質」という言葉が改正教育基本法では使われて

いる。

学校教育法第三十条の2は，次のように記述されている。

「前項の場合においては，生涯にわたり学習する基盤が培われるよう，基礎的な知識及び技能を習得させるとともに，これらを活用して課題を解決するために必要な思考力，判断力，表現力その他の能力をはぐくみ，主体的に学習に取り組む態度を養うことに，特に意を用いなければならない」

この「主体的に学習に取り組む態度」が法律に書かれることに関連して，改正教育基本法にかかわる論議において，心を法律で律すべきかという議論が行われたことはよく知られている（市川，2003）。旧教育基本法の制定にかかわった田中耕太郎は，「教育の理念の決定は，純然たる文化的学問的な仕事であり，本来教育家が自らの識見により，また，自らの責任においてなすべき事柄である」（田中，1961）と述べている。また，次期学習指導要領に関する中央教育審議会の答申では，「主体的で，対話的で深い学び」について，「特定の指導方法のことではない」としている。学習指導要領では，アクティブ・ラーニングという言葉が外されているが，学習指導要領で，教育実践のあり方や教育内容や時間の適切な配分，必要な人的物的体制の確保，等が記述されることは，旧教育基本法第十条の「教育行政は，この自覚のもとに，教育の目的を遂行するに必要な諸条件の整備確立を目標として行われなければならない」が改正教育基本法ではなくなったことと関連している。

❹ 脱コンピテンシーの動き

（1）知識重視のカリキュラム

OECDの教育政策は，世界全体に大きな影響を与え，グローバルな教育統治の様相を見せているが，世界全体がコンピテンシー志向に向っているわけではない。米国は，1991年のSCANS報告「仕事が学校に求めるもの」に基づく各州のカリキュラムにおいてコンピテンシーやスキルを成果目標とするカリキュラムが始まったが強い批判にさらされ，1995年ごろから各州はスタンダード・

アプローチに向かった。現在は，NCLB法下，コモンコアを中心としたナショナル・スタンダードと学力テストによるアカウンタビリティ体制である。

　安倍政権は，英国のサッチャー政権の教育政策を「教育正常化」のモデルとしている（中西輝政・英国教育使節団，2005）。その英国は，1997年に発足した労働党政権時のナショナル・カリキュラムはコンピテンシー志向であったが，2010年の「教えることの重要性」という学校白書で「子どもたちがいかによくやるかを決定するもっとも重要な要因は教師が教えることである」（DfE，2010）と指摘し，学校を外的な管理から解放し，教師の専門職的地位と権威の改善を求めたこと，2011年の「ナショナル・カリキュラムのための枠組み」という専門家委員会報告をきっかけとして知識重視のナショナル・カリキュラムに転じている。「ナショナル・カリキュラムのための枠組み」は，要約して次のように論じている。

　二つの極端な立場がある。一つは，教科の知識を重視するが発達の側面は考慮しない立場，もう一つは，スキル，パフォーマンス，性向の発達を前面に出し，今日の知識は変化するので学習の仕方を学習することが優先されるべきであるとする立場である。私たちは，この両方の要素が不可欠であるという立場である。教育は，社会的に価値づけられた知識と個人の発達との相互作用の産物である。学校カリキュラムは，知識と個人の発達の相互作用の過程の構造化である（DfE，2011）。

　このように「ナショナル・カリキュラムのための枠組み」は，知識を軽視して，スキル，パフォーマンス，性向を一方的に重視する立場を退けている。

(2) Bildung 志向のカリキュラム

　ノルウェーのウィルバーグ（I. Willbergh，2015）は，コンピテンシーの概念とドイツ教授学のBildungの概念を，文脈の問題と実践の問題の二つの視点から対比させて，要約して次のように論じている。

　OECDの，道具を相互作用的に使用する，異質な集団の中で相互作用する，自律的に行為すると定義されるキーコンピテンシーを職場の場面ではなく，学校という文脈の中で，学校の教育内容と結び付けて育てようとすると，内容固

有のコンピテンシーは,「知識」や「内容」から区別することは難しいから,コンピテンシーは,「内容」になってしまう。コンピテンシーという概念は効果的なパフォーマンスということと結合している。学習成果が効果的なパフォーマンス（スキル）となるとき授業は,道具的,技術的,訓練的なものになる。

　Bildungという教育学的概念でもっとも本質的なのは,人間の自律である。人間は,自己に対する責任,他者に対する責任,全体としての社会に対する責任を持つように準備されなければならない。授業は,自律する教師と自律する生徒と内容の出会いである。学校は,次の4つのやり方で現実生活に生徒を橋渡しする。第一に「内容」（subject matter）は,生徒に討論し,鍵となる今日の問題について自分の心を決める機会を与える。このことが,何が役に立つか,何が成功か,何が倫理的かを未来において決定する準備をあたえる。第二に,教育の内容は客観的側面（Bildungsinhalt-matter）と主観的側面（Bildungsgehalt-meaning）を持っている。内容（matter）は,生徒によって意味（meaning）あるものととらえられなければならないが,中心は,内容の問題と生活世界とを結びつけるときである。意味という生徒の内面の問題は隠されていなければならない。さもなければ,生徒の自律性は脅かされる。これに対して,スキルの概念はそれを明示化しようとする意図を持っている。第三に,教師は,生徒の独自性と学級環境の独自性を見なければならない。それが授業を可能にする。「教育的タクト」（ヘルバルト）による橋渡しである。第四に,Bildungの授業は,非真正でなければならない。世界は,教科書,絵,メディア等を通して表現される。この模倣的非真正性によって現実世界と橋渡しをする。

　コンピテンシー志向の授業においては,生徒の行動は観察される。これに対して,Bildungの授業は,教師と生徒による内容の表現（模倣的非真正性）の共同解釈である。生物学という教科内容を教えるのに現実生活の花を使う場面を考えると,学校教育はこの両方を必要とする。教科内容を強調しすぎると生徒は退屈する。生徒の先行経験を強調しすぎると,知識の蓄積を通した世界の再解釈の可能性が低下する。Bildungはその中間に位置する。Bildungは,21世紀の若者の必要に応えている。

❺ コンピテンシー志向の教育をどのようにとらえるか

　資質，能力という概念は，「新しい学力」観の時代には「関心・意欲・態度」「思考・判断」「技能・表現」「知識・理解」などの資質や能力という使い方で用いられていた。次期学習指導要領の場合は，「何ができるようになるか」を前面に出していることにおいて，OECDのコンピテンシーと連動した「資質・能力」の使い方である。OECDのコンピテンシーの概念は，基本的に，「人的資源」「人的資本」としてのコンピテンシーである。労務管理の研究者である三戸公は，人的資源管理を「人間を，全人として把握せず，人的資源として管理しようとして，測定し，数値化，実証する。人間を資源として有効利用するために，人の特性を追究し，それを組織目標の達成に向けようとする」（三戸，2004）と説明している。

　OECDは，PISA調査を通じてどのような人的資源管理を行おうとしているかを検討してみよう。

　セルズとリンガード（S. Sells and B. Lingard, 2014）は，OECDの人的資本理論に基づくグローバルな教育統治を要約して次のように説明している。

　OECDは，人的資本理論を採用して，教育の「経済化」，経済の「教育化」を進めようとしている。「スキルは，21世紀の経済のグローバルな通貨」であり，スキルが経済的社会的問題の解決策であるということが提示され，人的資本のより広い概念を，より多くの場所で測定して，政策立案者により影響力のある証拠を用意するというやり方で統治している。

　マイヤーら（D.-H. Meyer et al, 2014）によれば，PISA調査には類似の先行事例がある。それは，1940年代の米国における復員軍人を対象にした能力テストである。これは，公的なカリキュラムではなく，個人の学習の特筆すべき成果として，「広い応用可能性」と「大きな機能的価値」を持った知識を測定した。PISA調査も，生徒たちが学校の中で，いかによく学んだかを測定するのではなく，経済的に有用なスキルを測定する。比較しうるデータや統計を重視しているように見えるけれども，形成されるべき力についてのイデオロギー

30　第Ⅰ部　学習指導要領のあり方を問い直す

を輸出している。PISA後，文化的伝統の内面化という教育は，グローバルに有用な人的資本とコンピテンシーの開発への投資というモデルにとって代わられた。

　ドーン（N.B. Dohn, 2007）は，PISAの問題を分析して，問題の決定のための文脈は，①領域の内的レベル，②問題内の文脈レベル，③問題設定の文脈レベル，の三つのレベルに分析できるが，PISAの問題は，現実生活以外の状況を記述した問題であり，現実生活のコンピテンシーは評価されない。この意味で，PISAが，「生活のための知識とスキル」を評価するとしているのは妥当ではない，と述べている。

　トランス（H. Torrance, 2006）は，PISA調査の研究の核は，結果と順位付けであるが，よく理論化されていない大規模なその研究は，メディアや政策当局に望ましいものとして採択されるデータを提供するだけになり，そこにあるのは理解ではなく管理への情熱である，と述べている。

　バンク（V. Bank, 2012）は，PISA調査の結果，よい成績の国は模倣される。結果として，画一的な構造と画一的なカリキュラムとなる。更なる発展は，多様性を要求するだろう，と述べている。

　日本では，人的資源という概念は戦前の国家総動員体制のときに，人間を量と能力においてとらえ，その動員や配置を問題する概念として使われている。1937年に，資源局「国家総動員準備の概要」は，人の心身の属性をその資源たる見地から見るときは，身体，知識技術，道徳であるが，道徳が根本的であると述べている。1941年の美濃口時次郎『改訂増補人的資源論』（初版は1939年）は，今日必要な人的資源を，優秀な国防力と新たなる産業の要求に適応する能力の育成としている。この時期，資質という概念も「皇国臣民たるの資質を錬磨育成する」というように，総力戦が要請した人間像の意味で使われている（清水，1987）。

❻　おわりに

　教育の目的を能力の育成とすることについて，廣瀬裕一は，「人格が能力と

同義に用いられることはない，人格の完成＝能力の発展ではない，能力には，振込詐欺の能力のような悪しき能力も含まれるからである」と述べている（廣瀬，2014）。資質の育成を教育の目的とすることも問題がある。それは，ある特定の視点から見て都合のよい人間の属性を抽出した概念であり，望ましくない国家主義的な教育目的に転用される可能性があるからである。しかし，今日，OECDのキーコンピテンシーに基づく教育政策が世界に影響を与え，日本もOECDとの共同イニシアティブのもとにコンピテンシーを志向した教育を行おうとしている。このような事態をどのようにとらえたらよいのだろうか。

　レヴィット（K. Loewith）によれば，マックス・ウェーバーは，資本主義の未来を次のようにとらえていた。

　　「生活のこのような普遍的な合理化の結果として，全面的な相互依存の体系，＜隷従＞の＜鉄のように堅い殻＞がつくられ，人間がことごとく＜器具化＞し，各人は経済なり科学なりのそのつど決定的な力となる＜経営＞の中にはめこまれて逃れようがなくなる」

　では，この＜鉄のように堅い殻＞から人間はどのようにしたら逃れることができるのだろうか。レヴィットによれば，それは，独立の人間として，自分の責任において立つこと，自分自身に属し，自分自身の足で立って，自分自身の目的を貫くことであるとウェーバーは述べている（レヴィット，1966）。

　ハーバーマス（J. Habermas）によれば，授業は，制度，教室，施設などのシステムと学校教育組織のような組織の中で，コミュニケーション的行為と方略的行為によって行われる。方略的行為とは，環境や他の人によって定義された目的を達成する行為である。システムと生活世界とは相互依存の関係にあり，一般的には，システムは，生活世界を支えるためにあるが，しばしば，逆のことが起こる。システムの側が，一方的な外的世界の取り扱い，世界の理解を求めるようなコミュニケーションの実践が観察される。教室はコミュニケーション的行為と方略的行為の両方のための場所である。会話は，強制的操作，歪曲から自由でなければならない。何が道徳的かは，内省的自己，他者との対話によって決定される（D. Coulton，2001）。

32　第Ⅰ部　学習指導要領のあり方を問い直す

　独立して，自分の責任で立つ人間─自律的人間を育てるためには，教師もま
た自律的人間でなくてはならない。独立し，自立した人間同士の教室における
会話は自由でなくてはならないことをハーバーマスのこの論述は教えている。

　知識重視のカリキュラムに転換した英国も2015－20年の教育計画において
ワールドクラスの教育をめざしている。知識重視，あるいはBildung重視のカ
リキュラムにおいて，グローバルな経済競争の問題をどのように考えたらよい
のだろうか。

　ガイル（D. Guile）は，知識経済は，科学研究が科学以外の領域，例えば，
金融市場などに拡大されていることに特徴づけられるが，成果の設計を強調す
る現在の教育改革でよいだろうかと問うている。知識経済とは独特なものと記
述する代わりに，知識を生み出す文化を確立している組織やネットワークの特
徴を記述したほうがよい，また，認識文化の育成に果たす教育とビジネスの役
割の違いを注意深く検討する必要がある，とガイルは述べている（D. Guile,
2006）。

　次期学習指導要領は，2006年の教育基本法改正，教育関連三法の改正を土
台として，OECDとの連携をもとに，グローバル経済競争という「総力戦」に
必要な人的資源の育成のために教育制度を使おうとしている。教育の「経済化」,
経済の「教育化」という視点から見ると，教育は，求められる資質・能力をめ
ざし，主体的・対話的に深く学べというコンピテンシー・マネジメントという
性格を持つことになる。脱コンピテンシーの動き，PISA調査を中心とした
OECDの教育政策の検討は，知識経済には，より適切なアプローチがあること,
若者を21世紀社会に全人として準備させるより適切な道があることを示して
いる。

＜引用文献＞
・ Bank, V.（2012）, On OECD Policies and the Pitfalls in Economy-driven Education: The
　Case of Germany, Journal of Curriculum Studies, vol.44, no.2, pp.193-210.
・ Coulton, D.（2001）, Teaching as Communicative Action: Habermas and Education, in
　Virginia Richardson ed., Handbook of Research on Teaching, 4th edition, AERA, pp.90-98.

2 グローバル化の中の次期学習指導要領の特質　33

- Department for Education, The Importance of Teaching: the Schools White Paper 2010-, November 2010.
- Department for Education, The Framework for the National Curriculum: a report by the Expert Panel for the National Curriculum Review-, December 2011.
- Department for Education, Strategy 2015-2020: world class education and care, March 2016.
- Dohn, N. B.（2007）, Knowledge and Skills for PISA- Assessing the Assessment-, Journal of Philosophy of Education, vol.41, no.1, pp.1-16.
- Guile, D.（2006）, What Is distinctive about the knowledge economy?, in Hugh Lauder, Phillip Brown, Jo-Anne Dillabough and A. H. Halsey ed., Education, Globalization & Social Change, Oxford University Press, pp.355-366.
- Keidanren, Basic Thinking on Education Reform -Formulating the Third Basic Plan for the Promotion of Education 【Overview】 April 19, 2016
- OECD（2017）, OECD Work on Education and Skills
- Schleicher, A.（2010）, International Comparison of Studied Learning Outcomes, in A. Hargreaves et al ed., Second International Handbook of Educational Change, Springer, pp.485-501.
- Schleicher, A., Dinner Speech at Helsinki, October 19, 2015.
- Sells, S. & Lingard, B.（2014）, The OECD and the expansion of PISA: new global mode of government in education, British Educational Research Journal, vol.40, No.6, pp.914-936.
- Torrance, H.（2006）, Globalizing Empiricism: What If Anything can be learned from international comparisons of educational achievement, In Hugh Lauder et al, op. cited, pp.824-834.
- Uljens, M.（2007）, The Hidden Curriculum of PISA- the promotion of neo-liberal policy by educational assessment, in Hopmann, S. T. and M. Retzl（Hg./Ed.）, PISA zufolge Pisa-PISA According to PISA, LIT, pp.295-303.
- Willbergh, I.（2015）, The Problems of 'Competence' and Alternatives from the Scandinavian Perspective of Bildung, Journal of Curriculum Studies, vol.47, no.3, pp.334-354.
- 市川昭午（2003）『教育基本法を考える：心を法律で律すべきか』教育開発研究所.
- 教育再生実行会議第 7 次提言「これからの時代に求められる資質・能力と，それを培う教育，教師の在り方について」2015 年 5 月 14 日.
- 清水康幸（1987）「総力戦下の人間形成と錬成」, 寺崎昌男・戦時下教育研究会編『総力戦体制と教育：皇国民「錬成」の理念と実践』pp. 5-14, 東京大学出版会.
- 白井俊（2017）「OECD におけるキー・コンピテンシーに関する議論と我が国の高等教育への示唆」,『IDE：現代の高等教育』2017 年 1 月号, pp. 62-66, IDE 大学協会.
- 田中耕太郎（1961）『教育基本法の理論』p.50, 有斐閣.

34　第Ⅰ部　学習指導要領のあり方を問い直す

・中央教育審議会「幼稚園，小学校，中学校，高等学校及び特別支援学校の学習指導要領等の改善及び必要な方策等について（答申）（概要）」2016 年 12 月 21 日.
・東京学芸大学次世代教育研究推進機構（OECD との共同研究）「OECD との共同による次世代対応型指導モデルの研究開発」プロジェクト平成 27 年度研究活動報告書.
・英国教育調査団編（2005）『サッチャー改革に学ぶ教育正常化への道：英国教育調査報告』中西輝政監修，PHP 研究所.
・教育課程企画特別部会「2030 年に向けた教育の在り方に関する第 2 回日本・OECD 政策対話（報告）」（参考資料 1），2015 年 7 月 22 日.
・廣瀬裕一（2014）「教育の目的に関する一考察」，『上越教育大学教職大学院研究紀要』第 1 巻，p.155.
・三戸公（2004）「人的資源管理論の位相」，『立教経済学研究』58（1）pp. 19-34，立教大学.
・文部科学省（2017）「幼稚園教育要領，小・中学校学習指導要領等の改訂のポイント」.
・カール・レヴィット（1966）『ウェーバーとマルクス』柴田治三郎・脇圭平・安藤英治訳，p.46, p.67，未来社.

3 資質・能力ベースのカリキュラム改革と教科指導の課題
—教科の本質を追求する授業のあり方—

京都大学 **石井 英真**

❶ はじめに

　学習指導要領改訂の議論において，各教科の知識・技能のみならず，問題解決，論理的思考，コミュニケーション，粘り強さ，メタ認知といった，非認知的能力も含む教科横断的な汎用的スキルを明確化し，その観点から各教科のあり方や内容の価値を見直すなど，「資質・能力」を意識的に育んでいくことが論点となってきた。最終的に，新学習指導要領では，汎用的スキルを明示するには至らなかったが，総則において教科横断的な視野に立った教育活動の必要性が述べられている。こうして，内容ベースから資質・能力ベース，あるいはコンピテンシー・ベースへの改革が進む中で，「何を教えるか」だけでなく「どのように学ぶか」（学習のプロセス）も重視されるようになり，アクティブ・ラーニング（Active Learning: AL）がキーワードとして提起されることにもなった。しかし，こうした資質・能力の重視については，教科内容の学び深めにつながらない態度主義や活動主義に陥ることも危惧されている。

　本章では，コンピテンシー・ベースの発想を教科の授業で具体化すべく示された，資質・能力の三つの柱とALの三つの視点について，学力論・学習論の基本概念をふまえつつ検討し，改革（流行）の根底に教科指導の普遍的課題（不易）を洞察する。これにより，教科本来の魅力を追求する先に資質・能力やALを実現していくような，いわば汎用的なスキルの育成にも自ずと届く豊かな教科学習のヴィジョンを提起する。

36　第Ⅰ部　学習指導要領のあり方を問い直す

❷　資質・能力ベースのカリキュラム改革

（1）資質・能力ベースのカリキュラム改革の基本的な考え方

　資質・能力ベースのカリキュラム改革の背景には，社会の変化，およびそれに伴う学校教育に期待される役割の変化がある。グローバル社会，知識基盤社会，成熟社会等と呼ばれ，個別化・流動化が加速する現代社会（ポスト近代社会）においては，生活者，労働者，市民として，他者と協働しながら「正解のない問題」に対応する力や，生涯にわたって学び続ける力など，高度で汎用的な知的・社会的能力が必要とされている。そして，先進諸国のカリキュラムでは，教科の内容知識に加えて，キー・コンピテンシーや21世紀型スキルのように，教科横断的な能力を明確化する動きがみられる（松尾，2015）。

　こうして，現代社会，特に産業界からの人材育成の要求を受ける形で，職業上の実力や人生における成功を予測する能力を意味する「コンピテンシー（competency）」の育成を重視する傾向（コンピテンシー・ベースのカリキュラム改革）が世界的に展開している。より高次でより全人的な能力を志向して高まり続ける社会から人間への「実力」要求をふまえ，学校でできること，すべきこと（「学力」）の中身や，学びのあり方を問い直していくことが求められているのである。日本における資質・能力ベースの学習指導要領改訂はその一形態と見ることができる。コンピテンシー・ベースをめざす中で，「資質・能力」がキーワードとなっているのは，一般に「学力」概念が，教科内容に即して形成される認知的な能力に限定して捉えられがちであるのに対して，教科横断的な視野を持って，そして，非認知的要素も含んで，学校で育成すべきものの中身を広げていこうという志向性を表している。

（2）資質・能力ベースのカリキュラム改革への危惧

　「実力」としての資質・能力の重視については，内容項目を列挙する形の既存の教育課程の枠組み，および，各学問分野・文化領域の論理が過度に重視され，レリバンスや総合性を欠いて分立している各教科の内容や活動を，目の前の子どもたちが学校外での生活や未来社会をよりよく生きていくうえで何を学

ぶ必要があるのか（市民的教養）という観点から問い直していく機会ともなりうるだろう。また，「教科横断的」，あるいは「汎用的」なものの育成については，蛸壺化した教科の壁の高さを低くするべく，既存の教科の枠やイメージを超えて，「知の総合化」を追求していくことと捉えることもできる。たとえば，教科書を教わる授業を超えて，複数教科の教科書を資料として学ぶ授業をめざしていくわけである。そして，「非認知的」なものの強調については，成果が目に見えやすい個人の認知的学力のみに限定されがちな視野を広げるべく，情動的な経験や他者との協働や試行錯誤を含んだ，ダイナミックで「統合的な学び」のプロセスを追求していくことと捉えることもできる。たとえば，目標達成に向けてストレートに淡々と進めていく授業を超えて，問いと答えの間が長くてドラマのようにヤマ場やゆさぶりや展開のある授業をめざしていくわけである。

　だが，PISAショックへの対応が，「言語活動の充実」に収斂していったように，資質・能力ベースの改革についても，「何を教えるのか」という教育内容論レベルでの問い直しがなされないままに，「どうやればALを実践したことになるか」といった具合に，授業方法レベルで形式的に対応がなされることが危惧される。すなわち，ICTやグループワークを活用した目新しい手法の工夫に終始したり，汎用的スキルがカリキュラム上で直接的な指導事項として明示され，内容の指導に外在的に追加された認知的・社会的スキルの短期スパンでの指導と評価により実践が煩雑化・形式化したりすることが危惧されるのである。

　また，学習指導要領や各自治体の標準指導案（スタンダード）により，「言語活動の充実」や「主体的・対話的で深い学び」など，授業の進め方や授業を語る言葉がより直接的に制度的に規定される傾向が強まっている。その結果，目の前の子どもたちや学校のリアリティから自分たちなりの方法や自分たちの実践を語る言葉（現場の教育学）を創り出していく余地や自由が奪われ，現場の自律性が弱まっている。カタカナ言葉のソフトなタッチの授業論や授業像が入り込んでくる中，日本の教育実践が蓄積してきた現場感覚に即した豊かな言葉や実践のイメージが塗り替えられることで，教職の自律性が掘り崩され，現

38　第Ⅰ部　学習指導要領のあり方を問い直す

場の実践が下請け化していくことが危惧されるのである。

❸　資質・能力とALが提起する授業改革の方向性

（1）資質・能力の三つの柱とALの三つの視点

　資質・能力ベースのカリキュラム改革を，そして，ALに向けた授業改革を具体化する指針として，2016年12月に出た中教審答申（「幼稚園，小学校，中学校，高等学校及び特別支援学校の学習指導要領等の改善及び必要な方策等について」）では，資質・能力の三つの柱とALの三つの視点という枠組みが提起されている。まず，新学習指導要領は，育成すべき資質・能力を三つの柱（「何を理解しているか，何ができるか（生きて働く「知識・技能」の習得）」「理解していること・できることをどう使うか（未知の状況にも対応できる「思考力・判断力・表現力等」の育成）」「どのように社会・世界とかかわり，よりよい人生を送るか（学びを人生や社会に生かそうとする「学びに向かう力・人間性等」の涵養）」）で整理している。

　また，ALについては，特定の型を普及させるものではなく，現在の授業や学びのあり方を，子どもたちの学習への積極的関与や深い理解を実現するものへと改善していくための視点として理解すべきとし，①学ぶことに興味や関心を持ち，自己のキャリア形成の方向性と関連付けながら，見通しを持って粘り強く取り組み，自己の学習活動を振り返って次につなげる「主体的な学び」が実現できているか。②子供同士の協働，教職員や地域の人との対話，先哲の考え方を手掛かりに考えること等を通じ，自己の考えを広げ深める「対話的な学び」が実現できているか。③各教科等で習得した概念や考え方を活用した「見方・考え方」を働かせ，問いを見いだして解決したり，自己の考えを形成し表したり，思いを基に構想，創造したりすることに向かう「深い学び」が実現できているか，という授業改善の三つの視点をあげている。

（2）学力の質の三層構造と学習活動の三軸構造

　資質・能力の三つの柱とALの三つの視点が提起している授業改革の方向性

は，学力論や学習論の基本的な知見，特に教科の学力の質の三層構造と，学習活動の三軸構造をふまえて考えるとより明確になる。

ある教科内容に関する学力の質的レベルは，下記の三層で捉えられる（石井，2015a）。個別の知識・技能の習得状況を問う「知っている・できる」レベルの課題（例：穴埋め問題で「母集団」「標本平均」等の用語を答える）が解けるからといって，概念の意味理解を問う「わかる」レベルの課題（例：「ある食品会社で製造したお菓子の品質」等の調査場面が示され，全数調査と標本調査のどちらが適当かを判断しその理由を答える）が解けるとは限らない。さらに，「わかる」レベルの課題が解けるからといって，実生活・実社会の文脈での知識・技能の総合的な活用力を問う「使える」レベルの課題（例：広島市の軽自動車台数を推定する調査計画を立てる）が解けるとは限らない。そして，社会の変化の中で学校教育に求められるようになってきているのは，「使える」レベルの学力の育成と「真正の学習（authentic learning）」（学校外や将来の生活で遭遇する本物の，あるいは本物のエッセンスを保持した活動）の保障である。

学力の質的レベルの違いにかかわらず，学習活動は何らかの形で対象世界・他者・自己の三つの軸での対話を含む（佐藤，1995）。そして，そうした対話を繰り返す結果，何らかの認識内容（知識），認識方法（スキル）が形成され身についていく。スキルは，対話の三つの軸（大きくは対象世界との認知的対話，他者・自己との社会的対話）に即して構造化できる。さらに，学習が行われている共同体の規範や文化に規定される形で，何らかの情意面の影響も受ける。学力の階層ごとに，主に関連する知識，スキル，情意（資質・能力の要素）の例を示したのが**表1**である。知識，スキル，情意の育ちは一体なのである。

（3）資質・能力の三つの柱とALの三つの視点が提起する授業づくりの課題

資質・能力の三つの柱については，学校教育法が定める学力の三要素で知識・技能以上に思考力・判断力・表現力や主体的態度を重視するものと捉えると，1990年代の「新しい学力観」のように，内容の学び深めとは無関係な関心・意欲・態度の重視に陥りかねない。さらに，コンピテンシーとして非認知的能力が含まれていることを過度に強調し，教科横断的なコミュニケーションや協

40　第Ⅰ部　学習指導要領のあり方を問い直す

表1　教科の学力・学習の三層構造と資質・能力の要素（石井，2015a から一部抜粋）

学力・学習活動の階層レベル（カリキュラムの構造）		資質・能力の要素（目標の柱）			
		知識	スキル		情意（関心・意欲・態度・人格特性）
			認知的スキル	社会的スキル	
教科の枠づけの中での学習	知識の獲得と定着（知っている・できる）	事実的知識，技能（個別的スキル）	記憶と再生，機械的実行と自動化	学び合い，知識の共同構築	達成による自己効力感
	知識の意味理解と洗練（わかる）	概念的知識，方略（複合的プロセス）	解釈，関連付け，構造化，比較・分類，帰納的・演繹的推論		内容の価値に即した内発的動機，教科への関心・意欲
	知識の有意味な使用と創造（使える）	見方・考え方（原理，方法論）を軸とした領域固有の知識の複合体	知的問題解決，意思決定，仮説的推論を含む証明・実験・調査，知やモノの創発，美的表現（批判的思考や創造的思考がかかわる）	プロジェクトベースの対話（コミュニケーション）と協働	活動の社会的レリバンスに即した内発的動機，教科観・教科学習観（知的性向・態度・思考の習慣）

　働や自律性の育成の名の下に，どんな内容でも主体的に協力しながら学ぶ個人
や学級をつくることに力点が置かれるなら，いわば教科指導の特別活動化が生
じ，教科の学習（認識形成）が形式化・空洞化しかねない。
　知識以上にスキルや情意を重視するという問題の立て方自体に問題があり，
どの質の知識を，どの質のスキルを，どの質の情意を重視するかと問う必要が
ある。資質・能力の三つの柱は，学力の三要素それぞれについて，「使える」
レベルのものへとバージョンアップを図るものとして読むことができる。それ
は「生きて働く学力」の追求という旧くて新しい課題に取り組むことを意味する。
　また，ALの三つの視点は，学習活動の三軸構造に対応するもの（対象世界
とのより深い学び，他者とのより対話的な学び，自己を見つめるより主体的な
学び）として捉えることができるだろう。ALのような学習者主体の授業の重
視については，伝達されるべき絶対的真理としての知識ではなく，主体間の対
話を通して構成・共有されるものとしての知識という，知識観・学習観の転換
が背景にあるのであって，対象世界との認知的学びと無関係な主体的・協働的

3 資質・能力ベースのカリキュラム改革と教科指導の課題 41

な学びを強調するものではそもそもない。何より，グループで頭を突き合わせて対話しているような，主体的・協働的な学びが成立しているとき，子どもたちの視線の先にあるのは，教師でも他のクラスメートでもなく，学ぶ対象である教材ではないだろうか。

ALをめぐっては，学習者中心か教師中心か，教師が教えるか教えることを控えて学習者に任せるかといった二項対立図式で議論されがちである。しかし，授業という営みは，教師と子ども，子どもと子どもの一般的なコミュニケーションではなく，教材を介した教師と子どもとのコミュニケーションである点に特徴がある。この授業におけるコミュニケーションの本質を踏まえるなら，子どもたちがまなざしを共有しつつ教材と深く対話し，教科の世界に没入していく学び（その瞬間自ずと教師は子どもたちの視野や意識から消えたような状況になっている）が実現できているかを第一に吟味すべきだろう。

❹ 日本の教師たちが追究してきた創造的な一斉授業の発展的継承

授業の形式化を回避し，現場の自律的で地に足のついた授業改善につなげていくうえで，日本の教師たち，特に小学校の教師たちが追究してきた創造的な一斉授業の蓄積に目を向ける必要がある。すなわち，「練り上げ型授業」（クラス全体での意見交流に止まらず，教師の発問によって触発されたりゆさぶられたりしながら，子どもたちが互いの考えをつなぎ，一人では到達しえない高みへと思考を深めていく）を通じて，主体的・協働的かつ豊かに内容を学び深め，「わかる」ことを保障し，それにより「生きて働く学力」を育てるというものである。そして，資質・能力やALの根底にある「子どもたちがよりよく生きていくことにつながる学びになっているか」「子どもたちが教材と深く対話する学びになっているか」といった授業づくりの不易にふれる問いかけは，そうした日本の理想の授業像を批判的・発展的に継承していくうえでの問題提起や一種の「ゆさぶり」と受け止めることもできる。

42　第Ⅰ部　学習指導要領のあり方を問い直す

（1）「わかる」授業の問い直しと学力の三層構造の意識化

　従来の日本の教科学習で考える力の育成という場合，基本的な概念を発見的に豊かに学ばせ，そのプロセスで，知識の意味理解を促す「わかる」レベルの思考（解釈，関連付けなど）も育てるというものであった（問題解決型授業）。ここで，ブルーム（B. S. Bloom）の目標分類学において，問題解決という場合に，「適用（application）」（特定の解法をあてはめればうまく解決できる課題）と「総合（synthesis）」（論文を書いたり，企画書をまとめたりと，これを使えばうまくいくという明確な解法のない課題に対して，手持ちの知識・技能を総動員して取り組まねばらない課題）の二つのレベルが分けられていることが示唆的である（石井，2015b）。「わかる」授業を大切にする従来の日本で応用問題という場合は「適用」問題が主流だったといえる。しかし，よりよく生きることにつながる「使える」レベルの学力を育てるには，折に触れて，「総合」問題に取り組ませることが必要である。

　多くの場合，単元や授業の導入部分で生活場面が用いられても，そこからひとたび科学的概念への抽象化（「わたり」）がなされたら，あとは抽象的な教科の世界の中だけで学習が進みがちで，もとの生活場面に「もどる」ことはまれである。さらに，単元や授業の終末部分では，問題演習など機械的で無味乾燥な学習が展開されがちである（「尻すぼみの構造」）。すると，単元の導入で豊かな学びが展開されても，結局は問題が機械的に解けることが大事なのだと学習者は捉えるようになる。

　これに対し，よりリアルで複合的な生活に概念を埋め戻す「総合」問題を単元に盛りこむことは，「末広がりの構造」へと単元構成を組み替えることを意味する。学習の集大成として単元末や学期の節目に「使える」レベルの課題を設定する。そして，それに学習者が独力でうまく取り組めるために何を学習しなければならないかを教師も子どもも意識しながら，日々の授業では，むしろシンプルな課題を豊かに深く追求する「わかる」授業を組織する。こうして「もどり」の機会があることによって，概念として学ばれた科学的知識は，現実を読み解く眼鏡（ものの見方・考え方）として学び直されるのである。

たとえば国語科であれば，PISAが提起したように，「テキストを目的として読む」のみならず，「テキストを手段として考える」活動（例：複数の意見文を読み比べてそれに対する自分の主張をまとめる）を保障することで，学校外や未来の言語活動を豊かにする学びとなっていくのである。一方で，社会と結びつけることを実用主義とイコールととらえてしまうと，よいプレゼンの仕方について議論するといった職業準備的な国語教育に陥りかねない。四技能を総合するような活動（「使える」レベル）は，それに取り組むことでテキストのより深い読み（「わかる」レベル）が促されるような，ことばにかかわる文化的な活動であることを忘れてはならない。「使える」レベルのみを重視するということではなく，これまで「わかる」までの二層に視野が限定されがちであった教科の学力観を，三層で考えるよう拡張することが重要なのであり，「使える」レベルの思考の機会を盛り込むことで，わかり直しや読み深めが生じるような，さらに豊かな「わかる」授業が展開されることが重要なのである。

（2）練り上げ型授業の問い直しと知識構築学習

「子どもたちが教材と深く対話する学びになっているか」という点について，練り上げ型の創造的な一斉授業は課題を抱えている。もともと学級全体での練り上げ型授業は，一部の子どもたちの意見で進む授業となるリスクをかかえている。かつては教師のアート（卓越した指導技術）と強いつながりのある学級集団により，クラス全体で考えているという意識をもって，発言のない子どもたちも内面において少なからず議論に関与し思考が成立していた。しかし，近年，練り上げ型授業を支えてきた土台が崩れてきている。

教員の世代交代が進む中，背中から学び技を盗む文化も衰退し，知や技の伝承が難しくなっている。また，価値観やライフスタイルの多様化，SNSをはじめ，メディア革命に伴うコミュニケーション環境の変化によって，子どもたちの思考や集中のスパンは短くなっているし，コミュニケーションやつながりも局所化・ソフト化・流動化してきており，強いつながりで結ばれた学級集団を創るのが困難になってきている。クラス全体の凝集性を求める強い集団よりも，気の合う者同士の小さいグループの方が居場所感覚を持てるし，強いつながり

の中で堅い議論をするのではなく，ゆるい関係性で行われるカフェ的な対話の方が納得や学んだ手応えを得られる。そうした「弱いつながり」をベースにしたコミュニティ感覚を子どもたちは持っており，学習者主体の授業が強調される本質的背景はそこにある。教師のアート（直接的な指導性）から，学習のシステムやしかけのデザイン（間接的な指導性）へ，そして，学級全体での練り上げから，グループ単位でなされる創発的なコミュニケーションへと，授業づくりの力点を相対的にシフトしていく必要性が高まっているのである。

　こうして学習者主体の創発的コミュニケーションを重視していくことは，日々の授業での学びを知識発見学習から知識構築学習へと転換していくことにつながる。練り上げ型授業は，教師に導かれながら正解に収束していく知識発見学習になりがちであった。だが，現代社会においては，「正解のない問題」に対して最適解を創る力を育てることが課題となっており，そうした力は実際にそれを他者と創る経験（知識構築学習）なしには育たない。ゆえに，知識構築学習をめざすうえでは，知識や最適解を自分たちで構築するプロセスとしての議論や実験や調査を学習者自身が遂行していく力を育成する視点や，そのプロセス自体の質や本質性（その教科の学びとして意味あるものかどうか）を問う視点が重要となる。

　多くの授業において「発見」は，教師が教材研究で解釈した結果（教師の想定する考えや正解）を子どもに探らせるということになりがちであった。しかし，深い学びが成立するとき，子どもたちは教師ではなく対象世界の方を向いて対話しているはずである。国語の読解でいえば，子どもがまず自分でテキストを読み，ある解釈を持つ。そして，集団での練り上げで，他の子どもたちの解釈を聞く。そうして学んだ解釈をふまえて，もう一度テキストに戻って読み直してみると，最初に読んだ時とは見え方が変わるだろう。しかも，テキストと直に対話することで，ただ他者から学んだ見方をなぞるだけでなく，多かれ少なかれ，その子なりの新しい発見や解釈が生まれうるのである。これが，子どもと対象世界が対話するということであり，学びが深まる（わかったつもりでいた物事が違って見えてくる）ということである。

3　資質・能力ベースのカリキュラム改革と教科指導の課題　45

　知識発見学習では，授業内で一定の結論に至らせることにこだわり一般化を急ぐあまり，書いてきっちりまとめたものを発表しあって，それを教師がまとめる展開になりがちであった。これに対して，知識構築学習では，グループでの子ども同士のコミュニケーションをより大切にしつつ，そこで何か一つの結論を出すことを急がず，インフォーマルな雰囲気の下での対話とアイデアの創発を促すことが重要となる。たとえば，考えること，書くこと，話すことの三つを分断せず，各自考えながら，話し合って，そこで出た意見や思いついたことをそのままメモ的にワークシートやホワイトボードやタブレットに書き込んでいき，書いて可視化されたものからさらに触発されて，話し言葉の対話や個々の思考が促進される，といったぐあいに，話し合い活動も書き言葉的な「発表」をメインに遂行されてきた，書き言葉優勢の教室のコミュニケーションに対し，即興性や相互に触発し合う偶発性を特長とする話し言葉の意味を復権するというわけである（ことばの革命）。

（3）「教科する」授業というヴィジョン

　末広がりの単元構造や知識構築学習をめざすことは，子どもたちにゆだねる学習活動の問いと答えの間を長くしていくことを志向していると同時に，それは教科の本質的かつ一番おいしい部分を子どもたちに保障していくことをめざした，教科学習本来の魅力や可能性，特にこれまでの教科学習であまり光の当てられてこなかったそれ（教科内容の眼鏡としての意味，教科の本質的なプロセスの面白さ）の追求でもある。

　教科学習の本来的意味は，それを学ぶことで身の回りの世界の見え方やかかわり方が変わることにある。「もどり」を意識することは，教科内容の眼鏡としての意味を顕在化することを意味する。また，教科の魅力は内容だけではなく，むしろそれ以上にプロセスにもある。たとえば，歴史科の教師のほとんどは，子どもたちが，一つ一つの歴史的な出来事よりも，それらの関係や歴史の流れを理解することが大事だと考えているだろう。しかし，多くの授業において，子どもたちは，板書されたキーワードをノートに写しても，教師が重要かつ面白いと思って説明しているキーワード間のつながりに注意を向けていると

は限らない。まして，自分たちで出来事と出来事の間のつながりやストーリーを仮説的に考えたり検証したり，自分たちなりの歴史認識を構築したりしていくような「歴史する」機会は保障されることがない。

学ぶ意義も感じられず，教科の本質的な楽しさにも触れられないまま，多くの子どもたちが，教科やその背後にある世界や文化への興味を失い，学校学習に背を向けていっている。社会科嫌いが社会嫌いを，国語嫌いがことば嫌い，本嫌いを生み出している。「真正の学習」の追求は，目の前の子どもたちの有意義な学びへの要求に応えるものなのである。

ただし，有意義な学びの重視は，教科における実用や応用の重視とイコールではない。教科の知識・技能が日常生活で役立っていることを実感させることのみならず，知的な発見や創造の面白さにふれさせることも学びの意義の回復につながる。よって，教科における「真正の学習」の追求は，「教科の内容を学ぶ（learn about a subject）」授業と対比されるところの，「教科する（do a subject）」授業（知識・技能が実生活で生かされている場面や，その領域の専門家が知を探究する過程を追体験し，「教科の本質」をともに「深め合う」授業）を創造することと理解すべきだろう。多くの授業で教師が奪ってしまっている各教科の一番本質的かつ魅力的なプロセスを，子どもたちにゆだねていく。ここ一番のタイミングでポイントを絞ってグループ学習などを導入していくことで，ALは，ただアクティブであることを超えて「教科する」授業となっていく。

「教科する」授業は，内容とプロセスの両面において教科の本質を追求する授業ということができる。新学習指導要領は，教科の特性を生かした深い学びを構想するキーワードとして，「見方・考え方」という概念を提起している。それは，教科の内容知識と教科横断的な汎用スキルとをつなぐ，各教科に固有の現実（問題）把握の枠組み（眼鏡となる原理：見方）と対象世界（自然や社会など）との対話の様式（学び方や問題解決の方法論：考え方）と捉えられる。「見方・考え方」は，プロセスが本質を外していないかどうかを判断する手がかりとして生かすことができるだろう。

他方，新学習指導要領では，深めるべき本質的な教科内容の精選・構造化は

手つかずの状態といえる。先行き不透明な現代社会では，いかなる社会の変化にも対応しうる「資質・能力」を想定したくなる。しかし，知識（データ）爆発の状況下で，しかも，必要な知識・情報はネット上で誰もがアクセスできるといった状況において，そうした大量の情報に埋もれず価値ある情報を選び出し，自分の視野の範囲を超えた知や情報との出会いを生み出すために，専門家コミュニティでの議論と検証を経た，あるいは論争過程の，世界認識の枠組みの核となりうる内容（議論の厚みのある知識）をどう選択し，構造化するかといった点がむしろ問われている。

　その際，科学それ自体が問題を生み出す源泉となっているリスク社会においては，科学性や真理性を内容選択の基準として無条件に掲げるのではなく，科学に問うことはできるが，科学（だけ）では答えることのできない「トランス・サイエンス」的問題群に着目することも重要である。そこでは，専門家の間で意見の分かれる論争的課題を単位に教育内容を構成するとともに，学説の複数性を明らかにする教材研究を遂行していくことが求められよう（笠，2013；子安，2013）。また，専門分化した「科学」に対置されるところの，全体性や調和や鳥瞰的視野を重視する「（人文学的）教養」も含めて，「文化」を学ぶことの人間形成上の意味（認識の能力と自己の形成）からカリキュラムの全体性やヴィジョンを再検討することも必要だろう。

＜引用・参考文献＞

- 石井英真（2015a）『今求められる学力と学びとは：コンピテンシー・ベースのカリキュラムの光と影』日本標準.
- 石井英真（2015b）『現代アメリカにおける学力形成論の展開［増補版］』東信堂.
- 石井英真（2017）『中教審「答申」を読み解く：新学習指導要領を使いこなし，質の高い授業を創造するために』日本標準.
- 石井英真（2017）「『科学と教育の結合』論と系統学習論―反知性主義への挑戦と真の知育の追求―」田中耕治編著『戦後日本教育方法論史（上）』ミネルヴァ書房.
- 石井英真編著（2017）『小学校発アクティブ・ラーニングを超える授業：質の高い学びのヴィジョン「教科する」授業』日本標準.
- 笠潤平（2013）『原子力と理科教育：次世代の科学的リテラシーのために』岩波書店.

48 第Ⅰ部 学習指導要領のあり方を問い直す

・ 子安潤（2013）『リスク社会の授業づくり』白澤社.
・ 佐藤学（1995）「学びの対話的実践へ」佐伯胖他『学びへの誘い』東京大学出版会.
・ 中央教育審議会「幼稚園，小学校，中学校，高等学校及び特別支援学校の学習指
　 導要領等の改善及び必要な方策等について（答申）（概要）」2016 年 12 月 21 日.
・ 松下佳代編著（2010）『〈新しい能力〉は教育を変えるか：学力・リテラシー・コン
　 ピテンシー』ミネルヴァ書房.
・ 松尾知明（2015）『21 世紀型スキルとは何か：コンピテンシーに基づく教育改革の
　 国際比較』明石書店.

4 「資質・能力」の形成と「教科の本質」：国語

同志社女子大学 **松崎　正治**

❶　学習指導要領改定に向けてのこれまでの動向

（1）　育成すべき資質・能力の提案

　1990年代後半頃から，世界的な動向を受けて日本でも，「PISAリテラシー」「キー・コンピテンシー」「生きる力」「汎用的技能」「社会人基礎力」など，従来の「学力」の範疇に収まりきらない〈新しい能力〉を表すさまざまな用語が，初等教育・中等教育，高等教育，職業教育まで使われるようになってきた（松下，2010）。

　また，これまで領域特殊的な知識・技能を基盤として内容（コンテンツ）中心に構成されてきたコンテンツ・ベイスのカリキュラムが，領域を越えて機能する汎用性の高い資質・能力（コンピテンシー）を軸に，コンピテンシー・ベイスで，カリキュラムと授業を編み直す模索が世界的に活況を呈している（奈須，2015）。

　こういう国内外の〈新しい能力〉論の隆盛を受けて，文部科学省の検討会が2014年3月31日に出した「論点整理」では，〈育成すべき資質・能力に対応した教育目標・内容について〉，次のように三層で論じている。

　ア）教科等を横断する汎用的なスキル（コンピテンシー）等に関わるもの
　　①汎用的なスキル等としては，例えば，問題解決，論理的思考，コミュニケーション，意欲など
　　②メタ認知（自己調整や内省，批判的思考等を可能にするもの）
　イ）教科等の本質に関わるもの（教科等ならではの見方・考え方など）

50　第Ⅰ部　学習指導要領のあり方を問い直す

> ウ）教科等に固有の知識や個別スキルに関するもの

　その後，審議が重ねられて，中央教育審議会は，2016年12月21日に，「幼稚園，小学校，中学校，高等学校及び特別支援学校の学習指導要領等の改善及び必要な方策等について(答申)」を取りまとめた。答申では，次のような資質・能力の三つの柱に基づいて教育課程の枠組みの整理を行っている。

> ①何を理解しているか，何ができるか（生きて働く「知識・技能」の習得）
> ②理解していること・できることをどう使うか（未知の状況にも対応できる「思考力・判断力・表現力等」の育成）
> ③どのように社会・世界と関わり，よりよい人生を送るか（学びを人生や社会に生かそうとする「学びに向かう力・人間性等」の涵養）

(2)　資質・能力論への危惧

　こういった資質・能力論に対しては，さまざまな意見が表明された。代表的なものを三つあげてみよう（以下の下線は引用者による）。

①　論点整理を出した検討会の委員であった安彦は，〈「人格形成」を抜きにして，「能力（育成）本位」のみの教育を行うことは，絶対避けなければなりません〉（安彦，2014, p.74）と強調する。さらに，〈コンピテンシーの長所は「実社会・実生活に活用される」という点にありますが〉，原爆，地球環境問題などの状況を念頭において，〈「何に，何のために」活用するのかは，別基準で考えるべきこと〉（安彦，2014, p.134）だという。

②　また，石井は，資質・能力ベースのカリキュラムの危険性を次のように指摘する。

　　「汎用的スキルが一人歩きすることで，活動主義や形式主義に陥る。特に思考スキルの直接指導が強調され，しかもそれが評価の観点とも連動するようになると，授業過程での思考が硬直化・パターン化し，思考する必然性や内容に即して学び深めることの意味が軽視される」（石井，2016,

4 「資質・能力」の形成と「教科の本質」：国語　51

p.84)。

③　松下は，次の批判をしている。

「PISAリテラシーが〈内容的知識やポリティックスの視点を捨象し，グローバルに共通すると仮定された機能的リテラシー〉という性格を持つこと」

「ナショナルな教育内容の編成にあたっては，捨象されたこれらの部分を取り戻し，能力と知識の関係を再構成する必要がある」(松下，2014，p.14)。

これら①〜③は，戦後の学力論争（基礎学力，態度主義，人格，新学力，学力低下等）を踏まえ，またグローバルな知識経済の浸透による個人と社会の再編成の激動状況を踏まえて，資質・能力論を重視した教育をよりよいものしていこうという提言でもある。これらに共通しているのは，汎用的スキルや能力だけを突出させて教えようとすることの問題性である。何のための能力なのか，能力と知識の関係は具体的にはどうあるべきなのかが，課題とされている。

❷　問題の設定

　こういう課題意識のもとに，学習指導要領改定に向けて，思考力などの「コンピテンシー（資質・能力)」を重視する方針と「教科の本質」を踏まえた教科教育とを両立することができるのかという問いが，日本教育方法学会第52回大会シンポジウムでたてられた。この問いに，国語科教育の立場から答えるために，国語科ではコンピテンシー重視の本格的試行ともいえる〈認識・表現の力を育てる系統指導（案)〉を提案した西郷竹彦の理論の検討を本稿では行っていこう。

　1983（昭和58）年に，文芸教育研究協議会の西郷竹彦は，〈認識・表現の力を育てる系統指導（案)〉を提案した（西郷，1983，pp.8-9)。大項目だけあげておくと，次のようになっている。

観点（目的意識）（問題意識）―価値意識（真・善・美・用）
比較（分析・総合）

52 第Ⅰ部 学習指導要領のあり方を問い直す

順序（展開・変化・発展）

理由

予想（仮定・仮説）

類別（分類・区別・特徴）

構造（関係・機能）

選択（効果・工夫）

関連（相関・類推）

総合（全面的・多面的・多元的）

　この〈認識・表現の力を育てる系統指導（案）〉の背後にある問題意識，言語と認識の関係論を検討することで，「コンピテンシー（資質・能力)」を重視する方針と「教科の本質」を踏まえた教科教育とを両立することができるのかという問いに答えていきたい。

❸　〈認識・表現の力を育てる系統指導（案）〉の検討

（1）　西郷竹彦の問題意識

　この〈認識・表現の力を育てる系統指導（案）〉はどのようにして生まれてきたのか。西郷は「教科教育の中で国語だけがなぜつみ上げ的な発展的な系統っていうものがないのか」（西郷，1983，p.129）という。しかも，系統の内容が明確ではない。これが，西郷竹彦の問題意識である。ここには，1960年代以降の「教育の現代化運動」や，民間教育研究団体の自主編成運動に対する西郷なりの受け止めがある。西郷は，これらの歴史的な流れの中で，教科内容の系統づくりを意識していった。これが一応の結実をみたのが，1983年の〈認識・表現の力を育てる系統指導（案）〉である。

　国語科の数多くある民間教育研究運動の成果は，それぞれ文法や文字など個別領域ごとにまとめられていた。それに対して，西郷の〈認識・表現の力を育てる系統指導（案）〉は，国語科全体，あるいは教育実践全体における子ども

の認識や表現を貫くプランになっている。

(2) 〈認識・表現の力を育てる系統指導（案）〉の起源

また，この系統案は〈どのような認識論にもとづいて構築されたのか〉という鈴木秀一の問いについて，西郷自身は，次のように答えている（西郷，1983，pp.86-87）。

> 「私は系統案を立てるにあたって，それこそ内外の文献（言語学・意味論・心理学・教育学，とくに認識論関係）を手当たりしだい探し求めたのでしたが，どうにも納得のいく手応えを得られませんでした。……理論の上で整合的に説明ができないとしても，「こうすれば，こうなる」（ツボをおさえれば，なおる）という東洋医学流に〈比較・順序・理由……〉という例のツボの系統—経路—を仮説したのです。
>
> 　もちろん，そのためには，千数百篇にのぼる子どもの作文の分析，これまでの国語教科書のありかた，様々な授業分析，さらに仮説にもとづく私自身の「実験授業」をくり返しました。……とはいっても，先行する諸教科の系統案などを参照したり，発達心理学などの教えるところに学んだり，いわば東西折衷のヌエ的なものになってしまったのではとおそれます」。

先行研究がない中で試行錯誤しながら，文献と実践の中から作られた系統案であることがわかる。

(3) 〈認識・表現の力を育てる系統指導（案）〉への批判

① 柴田義松の批判

柴田は，「西郷プランには，どう見ても，日本語の系統指導は抜けている」（柴田，1984，p.37）として，次のようにいう。

> 「この系統表にあがっているものは，論理的思考のカテゴリーとみることもできる。……しかし，西郷さんは，これをあくまで国語科で言語・文法，説明文，文芸教材，作文などを指導する際の目安となる「国語科教育の系統指導案」として提出している。……私にとって心配なのは，認識と表現の力はともかくとして，国語の力（発音・文字・文法・読み方・書き方など：引用者注）がこれによって十分に身につくかどうかということである」

54　第Ⅰ部　学習指導要領のあり方を問い直す

（柴田，1984，p.38）。

　この批判は，「コンピテンシー」重視と「教科の本質」をどう両立させてい
くのかという問いと，まさしく同じものである。

②　西郷竹彦からの反論

　柴田義松の批判に対して，西郷ほかは，次のように反論している。

　　「自己と自己をとりまく世界をよりよく変革する，そういう主体的人間に
　育てることが教育なのではないかということで……そういう人間を育てる
　ために，国語科は何をするのかということになると，自分と自分をとりま
　く世界全ての本質・価値というものを認識し，また，それを表現する力を
　育てるということになります。……言葉による認識と表現の力をどういう
　ふうに系統的に育てるかということが，国語科教育の根本的な問題でなく
　てはならないと考えるわけです。……その目的に全てを従属させるという
　ことになります。言語・文法の指導も，その力を育てるためのものとして
　再編成させるというところに，この関連・系統指導の考え方はあるわけで
　す」（西郷ほか，1985，pp.176-177）。

　西郷は，教育の目的，人格形成の目的を明確にしたうえで，言葉による認識
と表現の力をどういうふうに系統的に育てるかを構想しようとしている。さき
に資質・能力論への危惧として安彦忠彦の例をあげたが，西郷はその点，周到
である。

　さらに西郷ほかは，認識のありようが言語を生み出しているとして，エスキ
モー（ママ）が雪に関する単語を多数持っていること，アラブの人間がラクダの
さまざまな様子（例：座っているラクダ，立っているラクダ）ごとにそれを示
す単語を持っている例をあげて，次のようにいう。

　　「これは，もう明らかに認識が基本になって，認識がそういう言語という
　ものを生み出している。言語に民族性を与えているということです」（西
　郷ほか，1985，p.180）。

　西郷は認識を基本にして，日本語の文法体系を考え，表現体系を考え直し，
それをカリキュラムに実現しようとしているのである。

4 「資質・能力」の形成と「教科の本質」：国語　55

後に，西郷は次のようにいう。

「＜ものの見方・考え方＞の＜もの＞というのは，人間というもの，人間
をとりまくすべてのもの，あるいは人間がつくりだしたすべてのもののこ
とです。

　これらの＜もの＞の本質・法則・真理・真実・価値・意味というものを
わかるためには，＜わかり方＞つまり認識方法が必要なのです。

＜わかり方＞というのは，その＜もの＞のどこを見たらいいのか，どう見
たらいいのか，また，見たことをどう考えたらいいのか，つまり＜見方・
考え方＞ということなのです。

＜ものの見方・考え方＞とは，わかりたいもの＜認識対象＞のわかり方＜
認識方法＞ということです。そして，わかったことを＜認識内容＞といい
ます。

　認識方法（わかり方＝ものの見方・考え方）と認識内容を学び身につけ
たとき，それは認識の力となります」（西郷，1996，p.125）。

❹　西郷竹彦案の背景にある言語理論

（1）　言語理論の差異

　言語はそれまで表現の伝達道具として捉えられていたのに対し，20世紀に
なって言語は認識そのものであることが言語研究によって明らかにされた。

　その筆頭が，スイスのフェルディナン・ド・ソシュール（Ferdinand de
Saussure，1857 - 1913）の言語学である。弟子のバイイとセシュエが『一般言
語学講義』（Cours de linguistique générale）として，ソシュールの死後1916年に
出版した。このソシュールの記号理論について，丸山は次のようにその特徴を
説明している（番号は引用者が付した）。

①「私たちの生活世界は，コトバを知る以前からきちんと区分され，分類さ
れているのではない。それぞれの言語の持つ語が既存の概念や事物の名づ
けをするのではなく，その正反対に，コトバがあって初めて概念が生まれ

56 第Ⅰ部　学習指導要領のあり方を問い直す

るのである」（丸山，1985，p.79）。

②「私たちにとって，太陽光線のスペクトルや虹の色が7色から構成されて
　いるという事実ほど，客観的かつ普遍的な物理的現実に基づいたものはな
　いように思われる。ところが，英語ではこの同じスペクトラムを6色に区
　切るし，ローデシアの……ショナ語では……3色，リベリアの……バサ語
　でも……2色にしか区切らないという事実は何を物語っているのであろう
　か。言語はまさに，それが話されている社会にのみ共通な，経験の固有な
　概念化・構造化であって，各言語は一つの世界像であり，それを通して連
　続の現実を非連続化するプリズムであり，独自のゲシュタルトにほかなら
　ない」（丸山，1985，p.79）。

③「ソシュール以前は，コトバは《表現》でしかなく，既に言語以前からカ
　テゴリー化されている事物や，言語以前から存在する普遍概念を指し示す
　道具と考えられていたが，ソシュールの考え方では，コトバは《表現》で
　あると同時に《意味》であり，これが逆に，それ自体は混沌たるカオスの
　ごとき連続体に反映して現実を非連続化し，概念化するということにな
　る」（丸山，1985，pp.79-80）。

　②は，言語的相対論（Theory of linguistic relativity）とも呼ばれる考え方で，
18世紀のドイツの言語研究者にさかのぼることができる。

　ソシュールもその1つであるが，1920年代から1940年代のアメリカでは，
言語的相対論として，サピア・ウォーフの仮説（Sapir-Whorf hypothesis）が多
くの注目を集めた。エドワード・サピア（Edward Sapir，1884 - 1939）や，ベ
ンジャミン・リー・ウォーフ（Benjamin Lee Whorf，1897 - 1941）は，ネイティ
ブ・アメリカンの言語研究などから，言語が文化を反映する，言語が思考様式
を決定するという説を立てた。しかし，これらは後に言語生得説，言語の普遍
性を論じるチョムスキーらに批判されることになる。

（2）　西郷竹彦の言語観

　さて，西郷ほかの柴田への反論を思い出してみよう。認識のありようが言語
を生み出しているとして，エスキモーが雪に関する単語を多数持っているなど

の例をあげて，次のように述べた。

> 「これは，もう明らかに認識が基本になって，認識がそういう言語という
> ものを生み出している。言語に民族性を与えているということです」（西
> 郷ほか，1985，p.180）。

ここからは，西郷竹彦が，20世紀言語学の発想に学びながら，人間の認識
が言語を生み出し，世界を分節していくという立場に立っていることがわかる。

> したがって，〈認識・表現の力を育てる系統指導（案）〉を〈国語科教育
> の大きな柱，中軸にすえる。そしてその目的に全てを従属させるというこ
> とになります。言語・文法の指導も，その力を育てるものとして再編成さ
> せるというところに，この関連系統指導の考え方があるわけです〉（西郷
> ほか，1985　pp.176-177）。

例えば，西郷は「しかし」という言葉を使って，次のように説明する。

> 「それをたとえば今までの文法学者は「接続詞」と言ったわけです。とこ
> ろが時枝さん（時枝誠記：引用者注）は，それを「辞」に入れて「接続辞」
> としました。なるほど……詞（「し」表現される事物・事柄の客体概念：
> 引用者注）か辞（「じ」表現される事柄に対する話手の立場の表現：引用
> 者注）かをめぐって，時枝文法に従う人は辞だと言うでしょう。……そう
> いう文法理論によらずとも，「前に言っていることを打ち消して次のこと
> を言おうとするときには，『しかし』と言うんだよ。対比的なことを言い
> たい，前に言ったことと同じようなことを言うのではなくて反対のことを
> 言うんだ。こういう対比的にものを考え，ものを見る場合には，『しかし』
> とか，『けれども』とかいうふうに使うんだよ。」と教えることは，いかな
> る文法理論にも差し障りがありません」（西郷ほか，1985，pp.177-178）。

このように，西郷は，〈認識・表現の力を育てる系統指導（案）〉において，〈対
比〉の概念から「しかし」という語の文法的意味を説明しようとしている。

❺　「コンピテンシー」重視と「教科の本質」論との両立は可能か

ここではじめの問いに戻ろう。文科省の「論点整理」による学力の三層構造

は，次のようなものであった。

　ア）教科等を横断する汎用的なスキル（コンピテンシー）等に関わるもの

　イ）教科等の本質に関わるもの（教科等ならではの見方・考え方など）

　ウ）教科等に固有の知識や個別スキルに関するもの

　これまでの検討から，西郷竹彦と文芸研の〈認識・表現の力を育てる系統指導（案）〉は，まずはイ）国語科の教科の本質に関わるもの（教科等ならではの見方・考え方など）としてみることができよう。西郷竹彦が，この学力の三層構造で発想したということではなく，今日の眼で西郷理論を学力の三層構造にあてはめてみると，こう位置付くのではないかということである。

　同時に西郷らは，20世紀言語学の成果を活かしながら，国語科の各領域，例えばさきの文法など，ウ）教科等に固有の知識や個別スキルに関するものを，〈認識・表現の力を育てる系統指導（案）〉で説明し直す努力も続けている。

　さらに西郷らは，〈認識・表現の力を育てる系統指導（案）〉を総合的な学習の時間にも使っている（西郷，2000）。したがって〈認識・表現の力を育てる系統指導（案）〉は，ア）教科等を横断する汎用的なスキル（コンピテンシー）ということにもなる。

　西郷竹彦・文芸研の〈認識・表現の力を育てる系統指導（案）〉は思考方法として参考にされることが多いが，ア）イ）ウ）は結局別個のものではなく，教科の本質から始まって，教科固有の知識，汎用的スキルに及ぶものとして構想されている。これは，さきに述べたような言語の特質から来ている。現実的にうまくいっているかは，慎重な判断が必要であるが，原理的には徹底している。

　奈須は，「論点整理」の学力の三層構造について，「コンピテンシーとコンテンツという，ややもすれば対立しかねない2つの学力側面を，教科の本質が仲立ちし，有機的に結びつける関係になっている」（奈須，2015，p.20）と説く。その仲立ち・結びつけの方法を次のように述べている。

　　「確認された教科の本質のそれぞれについて，その教科が主に扱ってきたのとは異なる対象や領域にも適用しうる（汎用的スキルとして作動する）

か，しうるとすれば，それはどのような価値や意義をもつか」（奈須，2015，p.22）。

西郷の方法は，どちらかといえばこれに近いが，仲立ちというよりも，教科の本質が教科固有の知識や汎用的スキル全てを貫く形である。

したがって，本稿の結論として，〈「コンピテンシー」重視の方針と「教科の本質」を踏まえた教科教育との両立は可能か〉という問いには，西郷の事例から可能である，と答えておこう。繰り返しになるが，厳密には「両立」というよりも，言語独自の特質から，教科の本質が教科固有の知識や汎用的スキル全てを貫くという構造である。

とはいえ，さきの「しかし」の例のように，教科の本質で教科固有の知識を全て説明できるかどうか，この〈認識・表現の力を育てる系統指導（案）〉という汎用的スキルがあらゆる教科や教科外活動にも適用できるのか，今後の検討とさまざまな領域の専門家の叡智がなお必要であろう。

＜参考文献＞

- 安彦忠彦（2014）『「コンピテンシー・ベース」を超える授業づくり：人格形成を見すえた能力育成をめざして』図書文化社.
- 石井英真（2016）「資質・能力ベースのカリキュラムの危険性と可能性」，『カリキュラム研究』第25号，日本カリキュラム学会.
- B.L.ウォーフ著（1993）『言語・思考・現実』池上嘉彦訳，講談社.
- 西郷竹彦（1983）「認識と表現の力を育てる系統指導」，『文芸教育』No.40（8月増大号）. 明治図書.
- 西郷竹彦・文芸研理論研究会（1985）「国語科関連・系統指導これまでの実践・批判を総括する」，『文芸教育』No.45. 明治図書.
- 西郷竹彦（1991）『ものの見方・考え方：教育的認識論入門』明治図書出版.
- 西郷竹彦（1996）『西郷竹彦 文芸・教育全集　第4巻（教育的認識論）』恒文社.
- 西郷竹彦編著（2000）『文芸研の総合学習：＜ものの見方・考え方＞の関連系統指導による「教科学習の確立」と「総合学習の展開」の統一 理論編』黎明書房.
- E.サピア＆B.L.ウォーフ（1995）『文化人類学と言語学』池上嘉彦訳，弘文堂.
- 柴田義松（1984）「国語科教育の全体像をより鮮明に」，『文芸教育』No.44, 明治図書.
- 奈須正裕（2015）「コンピテンシー・ベイスの教育と教科の本質」，奈須正裕・江間史明編著『教科の本質から迫るコンピテンシー・ベイスの授業づくり』図書文化社.

60　第Ⅰ部　学習指導要領のあり方を問い直す

・松下佳代編著（2010）『〈新しい能力〉は教育を変えるか：学力・リテラシー・コンピテンシー』ミネルヴァ書房.
・松下佳代（2014）「PISAリテラシーを飼いならす―グローバルな機能的リテラシーとナショナルな教育内容―」,『教育学研究』81（2）, pp.150-163, 日本教育学会.
・丸山圭三郎編（1985）『ソシュール小事典』大修館書店.

5 「資質・能力」の育成と「教科の本質」：社会

日本体育大学 **池野　範男**

❶ 本稿における問題と構成

　本特集の基本問題は，資質・能力と教科の本質とがどのように結びつくのか，そもそもこの二つは関連しているものなのか，関連しているとすればなぜなのか，というものである。

　そこで本稿では，❷で問題の構造を新学習指導要領に即して確認したのち，❸で基本問題を歴史的に検討のうえ通説と考えられている見解の構造を解明し，2017年3月告示の新学習指導要領が示した見解の新しさとその問題性を明確にする。さらに，❹でこの新見解が社会科の原理として見たときの構成と構造の問題と捉え，❺で学習者の学びの構造における知識と学習の二つの側面から，資質・能力と教科の本質の結びつきが不可避であることを明らかにする。

❷ 問題とその構造

　「資質・能力」と「教科の本質」は本稿では新学習指導要領に準じて使用するので，まずは新学習指導要領に応じた定義をしておくことにしたい。

　新学習指導要領では「資質・能力」を三つの形で使用している。第一は，A教育全般で育てる「資質・能力」（A1・2），第二は，B教科等横断的な「資質・能力」（B1・2），第三は，各教科・領域で育てるC「資質・能力」（1教科の総括的な目標と2教科の学力の三要素）であり，これらは**図1**（次ページ）のような関係にある。

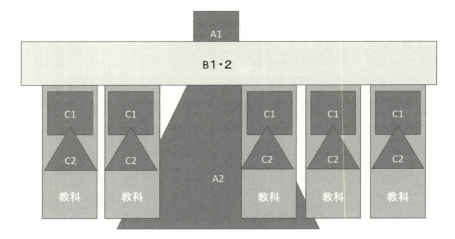

図1　三つの資質・能力の関係

　教育全般も各教科もその資質・能力の育成の構造として，内容−方法を底辺に，目標を頂点にした三角形を持っており，それは学力の三要素においても同形の三角形を作る。そのためにAでもCでも三角形が使用される。Bの教科横断的なものは，教育全般と各教科の両方にかかわり，AとCの三角形の育成構造を促進するものとみなされている。

　もう一つの「教科の本質」は，新学習指導要領では直接には使用されてはいない。中央教育審議会教育課程部会の審議のまとめ，その後の中央教育審議会答申で使用されたものである。例えば，「各教科等を学ぶ本質的な意義」（審議のまとめ，p.32；答申，p.33），その中核が「見方・考え方」（審議のまとめ，p.33；答申，p.33）とされている。

　各教科は，各教科独自の見方・考え方を働かせ，C1・2の教科独自な資質・能力を育てることはもとより，B1・2の教科横断的な資質・能力やA1・2の教育一般的な資質・能力の育成に寄与することが求められている。

　新学習指導要領では，資質・能力育成と教科の本質とが密接に結びついており，問題は二つの関連にある。関連をモデル的に示すと，**図2の三つのタイプ**

に分けることができる。

図2　資質・能力と教科の本質の関係モデル

　図2-1は資質・能力と教科の本質が分離するもの，図2-2は関連するもの，図2-3は統合されるものを表している。

　従来の学習指導要領は図2-2の関連モデルを想定し，新学習指導要領は図2-3を主張し，一歩進めた。従来は図2-1の分離モデルが一般的と考えられており，教育界では通説とされている。それゆえ，新学習指導要領によって通説に挑戦した見解が出され，本特集が組まれたのである。

　問題はなぜそう主張しうるのかである。新学習指導要領はこの問いに対し答えを示してはおらず，従来の生きる力育成と同様，希望的観測に留まっている。

　本稿はこの問題に対し，学習者の学びの立場に立ち，知識の形成を言語使用としてみると，認識と態度は同時に，一元的になされていることを根拠として，同時達成が原理的に成り立つことを主張する。

❸　従来の見解とその課題

(1)　通説としての分離論：歴史的パースペクティヴ

　通説は，上掲図2-1に示した資質・能力と教科の本質は分離する・すべきであるという「分離論」である。この考えが通説になった一つの契機が大槻－上田論争である（上田，1977；善住，1978；藤田，1980；谷川，1988）。この論争は，社会科を巡るものであったが，一般的な論争として「教育と認識」論争

（上田，1977，p.609；谷川，1988, p. 63）とか，「知識」と「態度」論争（高橋，1979）と呼ばれ，哲学的には，マルクス主義，弁証法的唯物論とプラグマティズム，動的相対主義との議論であった。大槻健，大橋精夫，矢川徳光たちは知識と態度を分離し，知識重視，それも科学的認識を学校教育の基盤にし，態度形成はこの科学的認識に従属すべきと主張した。他方の上田薫は，科学とはいえ実在には触れることはできず，立場を通して知識や科学は成り立ち，常に複数存在するとした。論争の結果，大槻たちの考えが優勢となり通説化する。

　主な論点は，科学的知識は真理性において一元化するのか多元化するのか，知識や認識は立場や態度と相関があるのかないのか，教科の本質や起源は科学にあるのか生活，子どもにあるのか，また，教育における科学の位置づけ，特に教科の本質は科学にあるのかどうかであった。これらの論点は，両者の想う科学や生活，子ども像に依存し，すれ違っていた。

　その後も科学的知識（認識）こそ教科の本質であるという考えは，社会科では社会科学科論として展開された。その代表が，柴田義松と森分孝治である。柴田（1981）は「子どもの科学的認識を系統的に育てる教科」（p.21）として社会科を位置づけ，教科の本質を「科学の基本的概念や原理によって構成される教科の『構造』の概念，教科内容構成の原理としての『一般から特殊へ』，学習の方法原理としての科学的探求の方法など」（p.92）とする。森分（1975，1984）も社会科学科を主張するが，その立場は批判的合理主義である。同じく社会科学の概念や原理を目標にし，その獲得・形成のために科学的探求を用いる。しかしそれは，漸次的接近としてなされ，概念や原理が決められていたとしても常に「開かれている」ことを要求している。二人の社会科学科論には科学観，世界観に大きな違いがある。しかし，両者は科学的な知識，認識を第一義とし，そこに社会科の本質を見いだしている点では一致している。

　社会科学科として社会科を捉えるとき，知識，認識と態度が区分されるとともに，分離される。社会科の定義としてよく使われる「社会認識を形成することを通して市民的資質を育成する」（内海，1971，p.7）教科であるというときの「通して」の意味をどのように理解し，説明するのかが問われているのである。

5 「資質・能力」の育成と「教科の本質」：社会　65

（2）　挑戦する関連・統合論：課題としての根拠と原理

　図2-2，図2-3は社会科の理念や理想としてはよく主張される。しかし，実現可能かと問われても，その根拠を示せず，あいまいなまま推移してきたのが教育研究や社会科教育研究の歴史であった。

　新学習指導要領がこのような関連・統合論を提起する基盤となったものが「育成すべき資質・能力を踏まえた教育目標・内容と評価の在り方に関する検討会」報告書（2014）である。本報告書では，資質・能力が知識，技能と関連づき，その総合的育成の重要性が強調されている。その論旨は，奈須が別のところで述べているように「教科の本質によって，知識と資質・能力をつなぐ」（守屋，2017, p.62）ことである。そのために，その教科ならではのものの見方・考え方を駆使し，その教科に関連する個別の知識を概念的なものに転換させることで，教科の学習が変化し「より効率的で実感を伴い，意味形成され」「楽しくて，わけが分かって身に付く。そして，楽しく，わけが分かって身に付いたものは，実社会にも使える」（奈須，2016, p.17）。これ以上の説明がなく，知識，認識と資質・能力がつながる理由は不明なままである。

　しかし，いくつかの示唆は得られる。第一は，資質・能力の育成が知識の学習に基づくこと，第二は，概念的な知識の形成は教科の見方・考え方，教科の本質に基づくことであり，知識の取り扱いを再検討することを要請している。この点を念頭に置き，教科「社会」の問題を考察してみよう。

❹　教科「社会」の問題：原理的パースペクティヴ

（1）　教科「社会」の構成：分離・関連・統合論

　資質・能力と教科の本質との上述の関係（図2, p.63参照）は，教科「社会」にも適用できるが，同じ問題を抱え込んでもいる。教科「社会」では，次ページの図3として示すことができる（Ikeno, 2012）。

図3　教科「社会」における資質・能力と教科の本質の関係モデル

　教科「社会」では教科の本質は社会認識に当たり，その中心が知識の形成であり，目標とする市民的資質が資質・能力である。分離モデル（**図3-1**）は社会認識教育と市民的資質教育を分離・並列させ，関連モデル（**図3-2**）は社会認識教育と市民的資質教育を一部重ね関連させ，統合モデル（**図3-3**）は社会認識教育と市民的資質教育を同心円的に重ね，同じ目標をめざす。

　1990年代から近年までの社会科教育界における新しい動向は社会認識教育と市民的資質教育の二つの教育論の関連と捉え，両者の教育の中間地帯の新たな開発であるとまとめることができる。しかし，多様な開発は「パラドックス」となっていると理解されている（草原，2012, p.67）。これは，社会認識教育論として社会科教育を見ること，市民的資質教育として社会科教育を見ることの両立を模索しつつうまく整合化できていないという指摘である。草原はその解決方途として，「民主主義的な態度・能力と知識の育成という大きな目的を共有する，相互補完的な下位体系」の創出が必要だと指摘している（p.74）。

（2）　問題とその構造

　新学習指導要領における資質・能力と教科の本質の関係の問題は，教科「社会」でも原理的理論的にも同様に現れ，論じられていることが理解されたであろう。この問題が小学校「社会」でも表出していることも明らかにしておこう。

　教科「社会」の学習は単元の学習としてなされる。審議のまとめで例示された小学校の政治の単元（p.141）を用い考えてみよう（池野，2017, pp.24-25）。社会的事象や人々の相互関係を視点として，政治の仕組みと役割を目標として設定することができ，この視点が「見方」である。この見方を駆使して，政治

における人々の役割と，多様性や共生をわかることを目的にすることができる。

　この目的を達成するためには，単元の考察と構想が必要である。社会的事象を，地域の人々や国民の生活と関連づけたりするには，政治という事象の特色や相互の関連や意味を多角的に考察したり，地域や日本の社会に見られる政治課題について社会へのかかわり方を考え，選択・判断することが必要である。一人ひとりの子どもたちが政治の学習を通して「どのような社会・世界とかかわり，よりよい人生を送るか」に関する考察と判断を行い，国家及び社会の形成者として自らを位置づけ，その資質・能力を育てる。

　このように，新学習指導要領小学校「社会」における学習の構造には，目標を頂点とした内容と方法の三角形があり，単元学習と組織される点に特徴があると指摘できる。つまり，単元の学習では，資質・能力の育成のために，教科の本質としての見方・考え方を駆使し，内容としての知識・能力，方法としての思考力・判断力・表現力等が働くように組織し，教科の目標を実現する目標達成構造として作り出す。

　新学習指導要領の学習の構造は，従来の見解に対して，二つの点で挑戦している。第一は，知識の取り扱いの変更であり，知識を目的化せず，手段化していること，第二は，学習の構造化であり，単元の学習として，考察・説明のうえの構想まで進めることで資質・能力の育成を保障しようとしていることである。この二点により，教科「社会」においても教科の本質にもとづく資質・能力の育成の実現を果たそうとしている。しかし，それがなぜ実現可能なのか，どのように実現可能なのかは説明されていない。ここで指摘した二つの挑戦に従い，以降で知識の取り扱い方と学習の構造に分けて，学習原理を検討し，説明する。

❺　教科「社会」における学習原理

（1）　知識の構成：命題から，言明，言語使用へ

　教科「社会」では，これまで知識は命題として取り扱われてきた。社会科学

68 第Ⅰ部 学習指導要領のあり方を問い直す

科が科学的社会認識形成をめざすときには，知識の構成要素である概念，理論，推論（チゾルム，1970，pp.1-6）のうち，大概，概念や理論に注目し，これらの獲得・形成が重視されてきた。だれかが発したことばであっても，だれもがどこでも理解し取り扱うことができる客観的なものとしてこの概念や理論は，取り扱われる。社会科学科は命題としての知識の質の向上を理論化，科学化することを目指していたのである。

　では，言語行為論（オースティン，1978；サール，1986・2006参照）のように，知識を言明，言語使用とみると，どのようになるだろうか。つまり，知識がことばを使ったものであるならば，知識もこのことばを使うひと，他者との関係にあり，だれかがだれかに発したことばを用いて構成されている，と考えるのである。このような知識論では，当然，客観的なものではなく，個人的で人格的という意味で主体的であるとともに，一人ひとりではなく常に複数の主体を想定している点で，共同的である。

　次の文を事例にあげて検討する。

① 聖徳太子が法隆寺を建てた。

①は歴史記述文と理解され，歴史書や教科書に事実として記されている。たしかに，歴史書や教科書に書かれているときは命題としての知識であり，事実を示している。しかし，教室において，学習者が読むときや使うときには，事実としての命題ではなく，だれかが語ったことばとして取り扱われる。

② AがB（教室のだれか，もう一人の私）に語ったこととしての①

　ことばは言語使用としての記号論（池上，1984参照）に立てば，対象となるものやこと，またことばとことば，そして，ことばを使用するひととの三つの関係にあり，それぞれ「意味論」「構文論（統辞論）」「語用論（実用論）」と呼ばれている。知識を言語使用としてみると，だれかがだれかに対して記号と

5 「資質・能力」の育成と「教科の本質」：社会　69

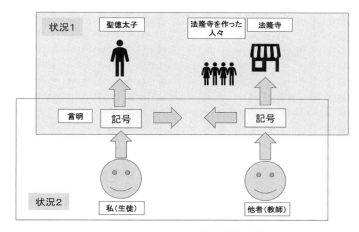

図4　教室における記号論的関係

してのことばを使った状況の一場面として取り扱うことになる。

　往々にして，授業では**図4**の状況1（あるいは，状況1＋2）を取り扱っていると考えやすい。しかし，言語使用とみるならば，教室の授業状況，あるいは学習者の状況は状況2である。
　知識を言明，言語使用と見たときの状況2は意味論や構文論の関係のうえに，語用論的な関係を重んじるということである。語用論的関係とは，ことばと対象やことばとことばの関係はもとより，ことばと使用者との関係，さらには，使用者間の関係を配慮するということである。状況1に提示した聖徳太子という人物，法隆寺を実際に作った人々，法隆寺という寺など，この文を状況的に理解する手立てを教師は教室で準備し，学習者が，聖徳太子が法隆寺を建てたという①を状況2で，イメージとして，また，その具体において理解できるように仕立てる。
　このような状況2は，ことばの使用としても指摘できる。①は，次のように説明される（三浦，1977，pp.34-53, p.60）。

過去：　聖徳太子は法隆寺を建て（る）　（もう一人の自分）
現在：　　　　　　　　　　・・・た　（自分）

　現在にいる学習者は（見えないし，手に取ることもできない）過去の（もう一つの）次元で，①の主内容を想像して作り出し，そのことを自分で確認している。小学校6年の教室では，このもう一人の自分（大概は，教師）が他者になって，"そうですか" とたずね，子どもたちが "そうです" と相槌を打つことがある。この相槌こそが状況2で，お互いの言語使用として共有化していることである。

　状況2で学習者が行っていることは，知識の形成とともに，その形成における判断と態度決定である。"そう…なんだ" "こう…である" は，そう・こう（a）＋である（b），という二重構造になっており，言語使用でいえば，（a）が知識形成，（b）が判断・態度決定であり，これらが同時に行われている。

　このような言語使用問題は，教科「社会」の事例で説明したが，どの教科においても日本語使用として一般化して説明できるものであろう。

（2）　学習の二段階：事実－価値，知識－態度の二元論から，一元論へ

　言語使用問題は学習においても，新たな展開を予期させる。それは，事実と価値とは密接に結びつき，事実や概念・理論の形成とその判断・態度の決定は

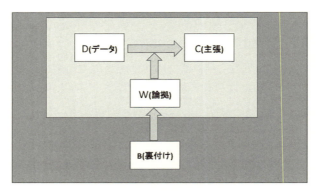

図5　議論の二重構造

言語使用としては同時になされていることを示している。学習者は日本語言語使用において，事実と価値，また，知識と態度を同時に進めている。学習においては，それぞれ分離して行うことができる。その学習は，二重の正当化として進む（池野，2003参照）。

図5のように，その事実，概念，理論の正当性（D-C-W）と，その判断・態度の正当性（(D-C-W)+B）に関する議論としてなされる。学習がこの二段階でなされると，事実と価値，知識と態度の二元論として学習から価値や態度を排除したり除外したりすることではなく，（日常では同時に行っているが）学習ではそれぞれを同時にせず，別々に行う。学習者には，相互の関連を成していることを理解できるようにする。

❻ 結　論

本稿は教科「社会」において教科の本質と資質・能力の育成との関係を検討した。その結論は，社会の知識は教室における学習者の学びに即する限り，命題ではなく，ことばの使用，言明であり，一人ひとりの言語使用として捉えることが必要であり，対象の認識と自身，あるいは他者やもう一人の自身との判断とを同時に含んだものであること，知識と認識は，学習者に言明とそれに対する社会的態度を同時に形成しているというものである。そのために，資質・能力と教科の本質は常に関連するものだと主張することができると結論づけるものである。

＜参考文献＞
・ 文部科学省（2014）『育成すべき資質・能力を踏まえた教育目標・内容と評価の在り方に関する検討会―論点整理―　平成26年3月31日』.
・ 上田薫編集代表（1977）『社会科教育史資料4』東京法令出版.
・ 内海巌編（1971）『社会認識教育の理論と実践：社会科教育学原理』葵書房.
・ 池上嘉彦（1984）『記号論への招待』岩波書店.
・ 池野範男（2003）「市民社会科の構想」, 社会認識教育学会編『社会科教育のニュー・パースペクティブ：変革と提案』pp.44-53，明治図書出版.

72　第Ⅰ部　学習指導要領のあり方を問い直す

- Ikeno, Norio（2012）, New Theories and Practice in Social Studies in Japan: Is Citizenship Education the Aim of Social Studies as a School Subject? In *Journal of Social Science Education,* Vol.11 No.2, 2012, pp.24-38, DOI: 10.4119/UNIBI/jsse-v11-i2-1198, <http://www.jsse.org/index.php/jsse/article/view/1198/1101>.
- 池野範男（2017）「学びに向かう力・人間性等」,『社会科教育　MOOK』pp.22-25, 明治図書出版.
- J.L. オースティン（1978）『言語と行為』坂本百大訳, 大修館書店.
- 草原和博（2012）「社会認識と市民的資質」, 社会認識教育学会編『新社会科教育学ハンドブック』pp.67-75, 明治図書出版.
- J.R. サール（1986）『言語行為：言語哲学への試論』坂本百大・土屋俊訳, 勁草書房.
- 柴田義松（1981）『教育学大全集31　教科教育論』第一法規出版.
- 善住喜太郎（1978）「大槻・上田論争の分析」, 全国社会科教育学会編『社会科研究』第26号, pp.76-84.
- 高橋勝（1979）「教育学における「知識」の概念分析―いわゆる「知識」と「態度」論争を整理して―」,『愛知教育大学教科教育センター研究報告』第3号, pp.1-11.
- 谷川彰英（1988）『戦後社会科教育論争に学ぶ』pp.63-70, 明治図書出版.
- ロデリック・M. チゾルム（1970）『知識の理論』吉田夏彦訳, pp.1-6, 培風館.
- 中央教育審議会「幼稚園, 小学校, 中学校, 高等学校及び特別支援学校の学習指導要領等の改善及び必要な方策等について（答申）」2016年12月21日.
- 中央教育審議会初等中等教育分科会教育課程部会「次期学習指導要領等に向けたこれまでの審議のまとめ」2016年8月26日.
- 奈須正裕（2016）「知識の質を変え, 概念的な知識にして教科の見方・考え方を身に付けさせる」,『総合教育技術』71（11）, pp.14-17.
- 藤田昌士（1980）「教科指導における知識と態度をめぐる論争―いわゆる「態度主義」論争を中心に―」, 久木幸男・鈴木英一・今野喜清編『日本教育論争史録・第4巻現代編（下）』pp.81-91, 第一法規出版.
- 三浦つとむ（1977）『こころとことば』季節社.
- 守屋淳（2017）「公開シンポジウムⅠ「育成すべき資質・能力」と「アクティブ・ラーニング」をめぐって―次期学習指導要領改訂に向けて―」, 日本教育学会編『教育学研究』第84巻第1号, pp.61-68.
- 森分孝治（1978）『社会科授業構成の理論と方法』明治図書出版.
- 森分孝治（1984）『現代社会科授業理論』明治図書出版.

6 「数学を教える」のか「数学を通して教える」のか
―「思考力」や「態度」は教育目標たりうるか―

千葉大学 **大田　邦郎**

❶　はじめに

　2000年からのOECDの学習到達度調査（PISA）で，日本の15歳の生徒の数学の習熟度（テストの点数）は，順位は変動しつつも常に上位にある。

　しかし，2012年調査における「数学における興味・関心や楽しみ」や「数学における自己効力感」などのアンケートに対しては，肯定的な回答の割合が平均以下であった。とくに「数学における自己概念」（得意かどうか）については調査に参加した65か国中最下位であった[1]。

　テストの点数が高いにもかかわらず，数学が得意ではない，興味・関心がない，楽しくないという生徒が多いことは，日本の数学教育の歪みを表しているといえるのではないか。

　いみじくも1998年の学習指導要領改訂で，算数・数学科の「目標」に「算数的活動の楽しさ」や「数学的活動の楽しさ」が加えられていた。しかし「目標」に加えられればそれが実現するというわけではない。学習指導要領が示す「目標」は抽象的であり，到達基準を示す本来の意味での目標とは異なる「方向目標」にすぎない。

　日本の数学教育を現実に規定しているのは学習指導要領の「目標」ではなく，「内容」に即して作成された検定教科書であり，それを用いて行われている実際の授業なのである。したがって，「目標」をいくら書き換えても「内容」が根本的に変わらなければ，日本の数学教育の歪みは是正されないだろう。

　本稿ではこの視点から，新学習指導要領の「目標」と「内容」の関係を中心に検討していきたい。

74 第Ⅰ部 学習指導要領のあり方を問い直す

❷ 新学習指導要領の「目標」

新学習指導要領における小学校算数の「目標」は以下の通りである。

　数学的な見方・考え方を働かせ，数学的活動を通して，数学的に考える資質・能力を次のとおり育成することを目指す。

（1）数量や図形などについての基礎的・基本的な概念や性質などを理解するとともに，日常の事象を数理的に処理する技能を身に付けるようにする。

（2）日常の事象を数理的に捉え見通しをもち筋道を立てて考察する力，基礎的・基本的な数量や図形の性質などを見いだし統合的・発展的に考察する力，数学的な表現を用いて事象を簡潔・明瞭・的確に表したり目的に応じて柔軟に表したりする力を養う。

（3）数学的活動の楽しさや数学のよさに気付き，学習を振り返ってよりよく問題解決しようとする態度，算数で学んだことを生活や学習に活用しようとする態度を養う。

前段は中学校数学と共通で，端的にいえば「数学的に考える資質・能力」の育成を算数・数学科の「目標」としている。

続く3項目がその「資質・能力」の中身で，次のように整理できる。(1)は「知識及び技能」，(2)は「思考力，判断力，表現力等」，(3)は「態度」である。これらは並列的に書かれてはいるが，(1)の具体的な指導を通して(2)の一般的能力を育成し，さらに(1)と(2)を通して(3)の態度を養成するという3層構造と捉えられる。各学年の「目標」もまた，当該学年の内容に即して同様の3層構造で記述されている。

この3層構造はすでに1947年学習指導要領に見られる。「小学校における算数科，中学校における数学科の目的は，日常の色々な現象に即して，数・量・形の観念を明らかにし，現象を考察処理する能力と，科学的な生活態度を養うことである」。このときだけは「目標」ではなく「目的」であったが，これ以来，

学習指導要領における数学教育の「目標」はこの3層構造で示されてきた。

また，この3層構造の「目標」は文部（科学）省の学力観でもある。つまり，習得した知識の中身だけではなく，知識の習得を通して育成される能力や態度までも学力に含めているのである。

❸ 新学習指導要領の「内容」

学習指導要領の「内容」の記述の仕方が変わった。他教科，とくに社会科や理科などと同様に記述の定式化がなされている。小学校1年の内容の最初の項目を引用する（太字は定式化された部分）。

(1) 数の構成と表し方**に関わる数学的活動を通して，次の事項を身に付けることができるよう指導する。**

　ア 次のような知識及び技能を身に付けること。

　　（ア）ものとものとを対応させることによって，ものの個数を比べること。

　　（イ）個数や順番を正しく数えたり表したりすること。

　　（ウ）数の大小や順序を考えることによって，数の系列を作ったり，数直線の上に表したりすること。

　　（エ）～（ク）（省略）

　イ 次のような思考力，判断力，表現力等を身に付けること。

　　（ア）数のまとまりに着目し，数の大きさの比べ方や数え方を考え，それらを日常生活に生かすこと。

まずカッコ数字（1），（2），（3），…の項目について，書き方が「〜に関わる数学的活動を通して，次の事項を身に付けることができるよう指導する」と定式化された。中学校の場合は「〜に関わる」が「〜について，」となる。

また，「ア 次のような知識及び技能を身に付けること」と「イ 次のような思考力，判断力，表現力等を身に付けること」が，それぞれいくつかの小項目を

76　第Ⅰ部　学習指導要領のあり方を問い直す

まとめる見出しとして入れられた。アにまとめられた（ア），（イ），（ウ），…
が従来からの指導項目である。大きく変わったのはイが加わったことである。
再掲しよう。

　　「イ　次のような思考力，判断力，表現力等を身に付けること。
　　　（ア）数のまとまりに着目し，数の大きさの比べ方や数え方を考え，そ
　　　　　れらを日常生活に生かすこと」

　この例では「着目する」「考える」「生かす」が「思考力，判断力，表現力等
を身に付ける」ための活動のようである。他にも「捉える」「見出す」「関連づ
ける」「表現する」「工夫する」などがある。しかし，これらの活動ではたして
「思考力，判断力，表現力等」が身に付くのか，また，身に付いたかどうかを
どう判定，評価すればよいのかは不明である。
　新学習指導要領には新たに「前文」が加わったが，この中で学習指導要領と
は「教育課程の基準を大綱的に定めるもの」であると述べられている。そうで
あるならば，評価不能な能力や態度まで「基準」とするのは矛盾している。

❹　「学力観」は転換したか

　今回の改訂で「資質・能力の育成」が強調されたことから，学習指導要領は
「コンテンツ・ベース」から「コンピテンシー・ベース」へ転換したともいわ
れる。しかし，これは皮相的な見方ではないか。
　1989年学習指導要領のもとで小・中学校の「指導要録」が改訂されたとき，
教科の「観点別学習状況」に関する評価項目の一番目が，「知識・理解」から「関
心・意欲・態度」に変わった。その後「自ら学ぶ意欲や思考力，判断力，表現
力などの資質や能力を重視する」という「新しい学力観」[2]への転換が強調さ
れるようになったが，昨今いわれる「コンピテンシー・ベース」への転換はこ
れとどう違うのか。

そもそも1947年学習指導要領以来,「知識・理解」を通して「思考力」等を育成し「態度」を養うという3層構造の目的論,学力観のもとで数学教育が行われてきた。もとから「新しい学力観」であり,「コンピテンシー・ベース」なのだから,いまさら「転換」のしようがないのではないか。

　たしかに日本の子どもたちは,数学のテストの点数はよいが得意とは思わず,興味・関心はなく,楽しくもないという状態である。これを「知識・理解」の指導は十分だが「関心・意欲・態度」にまで結びついていない状態であると捉えるのは間違いであろう。

　そうではなくて,この状態は,子どもたちが＜よく理解できないまま解き方を覚えざるを得ない＞という,日本の数学教育の問題を映し出している。むしろ「知識・理解」の指導こそが不十分なのであって,教育の内容と方法を楽しくわかりやすいものにしていくのが優先課題ではないか。その結果として「関心・意欲・態度」は自ずと身に付くはずである。

　知識の理解を通して,思考力や表現力が身に付き,態度にも表れるということを私は否定するものではない。しかし能力や態度はあくまでも具体的な知識の理解の結果として,付随的に育成されるものである。また,付随的に育成される能力や態度は,測定・評価が困難であることはもちろんであるが,それ以前に個々人によって異なるのが当然である。これらを教育の目的としたり評価の対象としたりするべきではないだろう。

❺　数学教育の目的

　数学教育の目的に関して,生活単元学習が行われていた時期に数学者の遠山啓は,「ある一部の人々を怒らせるかもしれないが」と前置きしたうえで,つぎのように主張した。「数学教育は数学を教える教科である」[3]。

　この主張は同語反復で当たり前のようであるが,当時の時代背景の中ではそうでなかった。「生活単元学習」を採用した1951年中学校・高等学校学習指導要領（試案）には,数学科の目的が次のように述べられていたからである。「数

学科において生徒中心の教育をするということは，実際にどのようにすること
をいうのであろうか。一言にしていえば，これは，数学科の指導は『数学を』
教えるのではなく，数学で『生徒を』教育していくことであるといえよう」。

　遠山は，学習指導要領のこの記述には「学問と教育の分離」すなわち「科学と
しての数学を教育から追放しようとする意図もしくは願望がひそんでいる」[4]
と指摘した。

　これ以降の学習指導要領には「数学を教えるのではない」とまで書かれるこ
とはなくなった。しかし，いまだに「知識・理解」よりも「関心・意欲・態度」
を強調する目的論や学力観には，背景に「科学としての数学」への軽視がある
といわざるを得ない。遠山は，「教科としての数学を科学としての数学から切
りはなしたとしたら，（中略）数学教育はもっぱらわかり切った教材をどのよ
うに教えるかに関心をもつ末梢的な技術となってしまう」[5]ともいう。

　今回の改訂で小学校の「数と計算」の分野については内容的にほとんど変更
がない。しかし学習指導要領のこの分野に関してだけでも，これまでに多くの
問題点が指摘されてきた。たとえば，1935年の第四期国定算術教科書（緑表
紙教科書）から続く暗算主義である。

　現行学習指導要領は小学校1年で「簡単な場合」の2位数の加減算，2年で2
位数の加減算を完成するが，筆算は2年の指導内容となっている。したがって
1年の2位数の加減算は，暗算でできる範囲とならざるを得ない。しかし，2位
数の加減算は初めから筆算で教えるのがよいとする筆算主義の立場もある。

　どちらの立場を取るか決めなくても，2位数の加減算を教える学年を1学年
だけにまとめさえすれば，暗算先行でも筆算先行でも教えることができるので
あるが，学習指導要領はこれをあえて2学年に分けて実質的に暗算先行の指導
を強制しており，今回の改訂でもこれは変わらない。古い教育内容・方法をそ
のままにして，どう教えるかの工夫だけ教科書や教師に求めていては，日本の
数学教育は進歩しない。

❻ 数学的活動

　新学習指導要領は，「数学的活動を通して」，「知識及び技能」および「思考力，判断力，表現力等」を身に付けることを求めている。もっとも，1989年，1998年，2008年の学習指導要領においても「数学的（小学校は算数的）活動を通して」あるいは「具体的な操作などの活動を通して」などの記述が見られ，今回新しく導入されたものではない。また，1951年学習指導要領は生活単元学習の指導案的なものであったから，各学年の目標にも「具体的な経験をとおして」，「具体的な事実に即し」，「実際の場において」などの記述が見られ，指導内容の説明にはより具体的な活動や教材が例示されている。

　このように数学の指導にあたって実物を用いたり活動を組織したりする方法は，明治末期から昭和初期にかけて使用された第一期から第三期までの国定算術教科書（黒表紙教科書）への批判から生まれた。黒表紙教科書は「数え主義」という理論に基づき，数学教育から量を排除するという方針によって編纂された。具体物を方便として使用することは認められていたが，数え主義の立場からは分数の乗除算などは説明が困難である。そのため，黒表紙教科書における分数の乗除算は，計算規則を天下りに与えざるを得なかった。分数乗除に限らず，計算規則を天下りに与えて計算練習をさせるというのが黒表紙教科書の実際の使われ方であった。

　これに対して，20世紀初頭からの新教育運動の影響を受けて大正・昭和初期に算術教育の改革運動が起こり，生活算術，作業主義，発生的指導法などと呼ばれる実践が行われる。これらに共通するのは，黒表紙教科書のもとで行われていた「形式算先行」，すなわち計算規則を与えて計算練習をさせてから事実問題を解かせるという指導順序とは逆に，実物などを用いて事実問題から計算規則を導く方法を実践的に研究したことである。

　この運動は，1935年から発行された第四期国定算術教科書（緑表紙教科書）に一応の結実を見る。「導入問題」で具体例をもとに説明したあと練習問題を解かせるという，現在の算数・数学教科書のスタイルがここに確立した。ただ

80 第Ⅰ部 学習指導要領のあり方を問い直す

し，具体例を用いて法則を導く過程が子どもの認識過程に適したわかりやすい
ものになっているかどうかという問題は残る。現在でも教科書が基本的にこの
スタイルで記述されているにもかかわらず，実際の授業では公式を天下りに与
えて計算練習をさせるという場合が少なくない6)。

　また，教科書の内容を教科書に示された例を用いて教える場合，導入問題の
答えや導くべき計算規則がすでに教科書に書かれていて，結論が見えている。
これでは教科書をシナリオとした芝居を教師と子どもたちで演じるようなもの
である。

　教師自身が一度学習指導要領・教科書から離れて教育内容を問い直し，この
内容を教えるためにはどのような教材・教具・活動が必要かと，改めて考える
必要がある。その際，教育内容を作り変える必要が出てくることもありうるだ
ろう。初めに活動ありきでは，活動の結果何が得られたかが曖昧になりかねな
い。生活単元学習が「這い回る経験主義」といわれたように，「踊り回る活動
主義」に陥る危険がある。しかしまた，この活動は何のためかと問い直すこと
は，教育内容の問題に目を向ける契機のひとつになりうるだろう。

❼ 「スパイラルによる教育課程」

　先に古い教育内容・方法が残っている例として，2位数の加減算における暗
算先行をあげた。これは文部科学省のいう「スパイラル」の例でもある。現行
の2008年学習指導要領は「スパイラルによる教育課程」を採用していると「小
学校学習指導要領解説 算数編」で説明されている。らせん形を意味する「ス
パイラル」は，ここでは「反復」の意味で用いられている。先の例では小学校
1年で「簡単な2位数の加法及び減法」（暗算），2年でその完成（筆算）である
が，他に3年で「商が2位数になる簡単な除法」（暗算），4年でその完成（筆算）
などもある。暗算については子どもたちの間で得意不得意の差が大きいにもか
かわらずである。

　このような「スパイラル」は新学習指導要領にも引き継がれる。さらに分数

指導における「スパイラル」について見てみよう。現行学習指導要領には小学校2年で「1/2，1/4（改訂後は1/3）など簡単な分数について知ること」とある。分数の意味や表し方は3年の内容であるが，「学習指導要領解説」によれば2年で「分数について理解する上で基盤となる素地的な学習活動を行」うのだという。ところが「学習指導要領解説」は「具体物を半分にすると，元の大きさの1/2の大きさができる」と説明する。これは分数ではなく割合である。「学習指導要領解説」は分数と割合とを混同しているのである。

　実は「スパイラル」は1968-69年の「現代化」学習指導要領にも「らせん型カリキュラム」と称して採用されており，このときも2年で同様に割合としての1/2，1/3などを扱っていた[7]。しかし分数を割合から導入することは，後の学習の「素地」になるどころか分数と割合とを混同する原因になると批判を浴びた。この批判に応えたのか，1977年の改訂以降，これは扱われなくなっていた。ところが，このような歴史的経緯を無視する形で2008年の改訂で復活し，今回も引き継がれるのである。

　これを含めて分数は2年から6年までの5学年にわたって細切れに扱われる。とくに問題なのは分数の乗除算のうち，分数×整数と分数÷整数が5年，分数×分数と分数÷分数が6年と2学年に分けられていることである。分数×整数から分数×分数への順ではかけ算の意味が変わるから，分数×整数は分数×分数の「素地」にはならない，むしろ分数×分数を先に教えたら分数×整数も同じ意味のかけ算で説明できるという説もある。

　これも，扱う学年を同じにすれば教科書や教師によって様々な指導順序を取りうるのであるが，改訂後も2学年に分けられたままである。このように，文部科学省と学習指導要領は数学教育に関しても決して中立ではなく，本来ひとまとめに教えるべき内容を複数の学年に分けたり，指導順序を指定したりすることで，特定の立場による指導法を強制しているのである。

82   第Ⅰ部　学習指導要領のあり方を問い直す

❽　学習指導要領と教科書

　学習指導要領は細かい内容まで規定しているわけではなく，検定教科書も狭い範囲でながらも工夫する余地がないわけではない。新旧学習指導要領と教科書の対応関係について，小学校1年の最初の部分を見てみよう。

　　ア　ものとものとを対応させることによって，ものの個数を比べること。
　　イ　個数や順番を正しく数えたり表したりすること。
　　　　（中略）
　　オ　2位数の表し方について理解すること。

　学習指導要領は「ア」で自然数を集合の大きさと捉え，集合間の1対1対応によって大きさを比較し，多い・少ない・同じを教えるのが最初である。これはよい。しかしその次の「イ」が数えることとなっているのは飛躍である。数えるためにはあらかじめ数を知っていなければならないからである。数を〈集合の大きさに付けられた名前〉として教える段階を補う必要がある。

　この段階を補って，最初に「1」ではなく「2」や「3」を教える教科書も出てきた。学校図書が1998年から「3」，大日本図書が2011年から「2」，2015年から「3」を最初に教える数としている。今後，他の教科書もこれに倣っていくだろう。

　また，どの教科書も「イ」の段階で「10」まで教えるが，これは「9」の次の数として教えるのであって，2桁の数として教えるのではない。実はどの教科書も「10」の前に「0」を教えていないのである。だから「10」を教えるときにこれが「1」と「0」のふたつの数字からできていることは教えられない。この時点で子どもたちは「10」でひとつの数字だとして覚えるしかないのである。

　学習指導要領が制約しているわけではないのに，「10」の前に「0」を教える教科書がひとつもないのは不思議である。諸外国ではむしろ，「10」の

前に「０」を教えるのが一般的である。新学習指導要領のもとでも「イ」の段階で「０〜９」を教え，「オ」の２位数のところで「１０」を教えることは可能である。このような教科書が出て来て，教育内容に関する議論の契機となることを期待しよう。

❾ おわりに

本稿で触れられなかった点がいくつかある。ひとつは「主体的・対話的で深い学び」についてである。そもそも主体的でない学びなど想像できないし，深さをどのものさしで測ればよいかわからない。これは，新学習指導要領には「伝え合う活動」を含む活動主義と，思考力等の育成の形式的な強調として入り込んでいる。

また，「算数」の名称についてである。諸外国では初等教育でも「数学」が一般的である。文部科学省もグローバル化への道を踏み出そうとしているのか，小学校でも「数学的活動」というようになった。そもそも学習指導要領の改訂の度に算数から数学になったり，数学から算数になったりする内容があるのもおかしい。教科名は教科の性格にもかかわるのであるから，「数学」とする方向での議論を起こしたい。

＜註および引用文献＞

1）国立教育政策研究所（2013）「OECD 生徒の学習到達度調査〜 2012 年調査分析資料集〜」.
2）文部省（1996）「我が国の文教施策 生涯学習社会の課題と展望—進む多様化と高度化—」.
3）（1960）『岩波講座現代教育学 第 9 数学と教育』p.7，岩波書店.
4）同上，p.7.
5）同上，p.8.
6）大学生に「小学校で分数のわり算をどう教わったか」と聞くと，およそ半数は「計算の仕方だけ教わった」と答え，あとの半数は「覚えていない」という。
7）スパイラルとはいわなくても，「〜の 1/2」などは 1947 年学習指導要領以来 2 年で扱われていた。

7 学習指導要領・理科を支える柱
―知識・技能の習得と熟達―

北海道大学 **大野 栄三**

❶ はじめに

今回の学習指導要領改訂の議論が始まった頃，コンピテンシー・ベースド，アクティブ・ラーニング，カリキュラム・マネジメントがその3本柱だといわれていた。すべて外来語である。外来の概念を片仮名表記で日本語に取り込むことは，海外の学問成果を理解し自家薬籠中のものとするうえで助けになると同時に，同じ外来語を使って話していても互いの意図が異なることには気づかぬままという危険を招くこともある。カタカナ表記の外来語がもつ意味が，もともとの英語のそれとは異なっている場合も少なくない。

カタカナ表記の外来語の登場に学校現場は混乱した。結局，コンピテンシー・ベースドは「知識・技能の習得」「思考力・判断力・表現力の育成」「学びに向かう力・人間性の涵養」（これらが，「育成すべき資質・能力」の3本柱と呼ばれている）になり，アクティブ・ラーニングは「主体的・対話的で深い学び」を実現するための授業改善となり，カリキュラム・マネジメントは外来語のまま残ることで，それなりの決着がついたのだと思う[1]。次期学習指導要領から二つの外来語が消えたことは，カタカナ用語に困惑していた学校現場にとって朗報であろう。

本章では，次期学習指導要領・理科を批判的に検討する[2]。次節で，次期学習指導要領・理科の構造を確認し，教科「理科」の目標について考察する。第3節で，「育成すべき資質・能力」の3本柱を検討し，2本目の柱「思考力・判断力・表現力の育成」を解体する。第4節で，知識や技能の熟達という観点から，新しい柱の構築を試みる。第5節で3本目の柱「学びに向かう力・人間性の涵養」

が堅牢ではなく，柱にはならないことを論じる。第6節では，科学的な見方や考え方に着目して，教科「理科」の本質について論じる。最後に，学習指導要領が能力や態度の育成に踏み込むことについて私見を述べる。

❷　次期学習指導要領・理科の構造

　人は数"3"を好み，安心するという。次期学習指導要領は数"3"で象徴される構造をもっている。三つの外来語はそれぞれ三つに分かれる。コンピテンシー・ベースドは学習指導要領を支える3本柱の「育成すべき資質・能力」となる。アクティブ・ラーニングは「主体的に学ぶ」「多様な人との対話で考えを広げる」「課題の解決に生かすよう学びを深める」の三つの視点となる。カリキュラム・マネジメントは「教科横断的な視点」「PDCAサイクルの確立」「社会に開かれた教育課程（外部資源の活用）」の三つの側面をもつとされる。本稿で論じる「資質・能力」の構造をさらに見て行くと，「育成すべき資質・能力」の3本柱にそって，教科「理科」の目標が三つ設定され，これら三つの教科目標に対応して，個々の指導内容ごとに三つの目標が示されるという構造になっている。

　国語辞典には，資質は生まれつきもっている性質や才能，能力は物事を成し遂げることのできる力やその程度であるなどと書かれている。しかし，学習指導要領では，資質や能力が生得的か後天的かは問われておらず，資質や能力の育成とは，それらをさらに向上させたり，身に付けさせたりするという意味で使われている[3]。学習指導要領の総則「第2　教育課程の編成」には，「学校教育全体や各教科等における指導を通して育成を目指す資質・能力を踏まえつつ，各学校の教育目標を明確にする」とある。教科「理科」の三つの目標は，学習指導要領を支えている「育成すべき資質・能力」の3本柱にそって設定されている。次期小学校学習指導要領・理科では，「自然の事物や現象についての理解を図り，観察，実験などに関する基本的な技能を身に付けるようにする」「観察，実験などを行い問題解決の力を養う」「自然を愛する心情や主体的に問題

86　第Ⅰ部　学習指導要領のあり方を問い直す

を解決する態度を養う」という三つの教科目標が示されている。中学校理科の三つの教科目標は，小学校の「観察，実験などに関する基本的な技能」の部分が「科学的に探究するために必要な観察，実験などに関する基本的な技法」となり，「問題解決の力」や「問題を解決する態度」ではなく，「科学的に探究する力」「科学的に探究する態度」となっている。

　教科「理科」の三つの教科目標に対応して，小学校は学年ごとの，中学校は分野ごとの目標が示されている。たとえば，小学校第3学年の「物質・エネルギー」の目標では，「物の性質，風とゴムの力の働き，光と音の性質，磁石の性質及び電気の回路についての理解を図り，観察，実験などに関する基本的な技能を身に付けるようにする」「物の性質，…（同上）…について追究する中で，主に差異点や共通点を基に，問題を見いだす力を養う」「物の性質，…（同上）…について追究する中で，主体的に問題を解決する態度を養う」とある。2番目の目標にある「…力を養う」は学年ごとに変化する。第4学年では「主に既習の内容や生活経験を基に，根拠のある予想や仮説を発想する力を養う」，第5学年では「主に予想や仮説を基に，解決の方法を発想する力を養う」，第6学年では「主にそれらの仕組みや性質，規則性及び働きについて，より妥当な考えをつくりだす力を養う」（傍点は筆者）となっている。

　「力を養う」の学年進行はもっともらしいが，子どもの力が都合よく段階的に養われるとは筆者には思えない。具体的な課題によっては，第3学年でも子どもは妥当な考えをつくりだすだろうし，第6学年でも差異点や共通点の発見に苦労するだろう。ここは，教師各自が次期学習指導要領にある段階的な体裁に拘泥せず，これら養う力があることを念頭におき，「学習指導要領とは，こうした理念の実現に向けて必要となる教育課程の基準を大綱的に定めるものである」（次期学習指導要領・前文）ことを再確認しておけばよい。そして，「各学校がその特色を生かして創意工夫を重ね，長年にわたり積み重ねられてきた教育実践や学術研究の蓄積を生かしながら・・・（中略）・・・学習指導要領を踏まえた教育活動の更なる充実を図っていく」（同上）ために，各学校がカリキュラム・マネジメントの腕前を披露して柔軟に対応すべきである。

❸ 2本目の柱「思考力・判断力・表現力の育成」の解体

　次期学習指導要領・理科に述べられている三つの教科目標は、「育成すべき資質・能力」の3本柱をふまえて設定されている。「育成すべき資質・能力」の2本目の柱である「思考力・判断力・表現力の育成」が含意する種々の力は、教科「理科」においては、問題を解決する力や科学的に探究する力になる。これらは問題解決や科学的探究という物事を成し遂げる力であり、辞書にある能力の意味をもつ。ただし、問題を解決する力や科学的に探究する力が何かについて私たちが詳細に理解しているわけではない。問題解決も探究も複雑で高度な知的活動であるから、その過程を遂行する力とは、多くのより基本的な能力から構成されているのだろう。しかし、私たちは基本的構成要素とそれらの間の関係を十分に把握しているわけではないので、仕方なく問題解決力や探究力といった大雑把な用語を使っているのである。このような大まかな用語から、学習指導要領を支える柱をつくるべきではない。

　教科「理科」においては、2本目の柱「思考力・判断力・表現力の育成」が柱としての用をなさないことを評価の観点から検討しよう[4]。大まかな用語で表現される能力に対しては、それを握れば握力がたちどころに評価できる握力計のような便利な評価手段はない。しかし私たちは、評価可能な尺度（「できるかできないか」や「何をどこまで実行したか」）に関係付けて、その能力を評価しようとする。解決や探究の対象となる具体的な課題があれば、教師は、子どもがその課題をどこまで解決したか、探究活動でどれだけの成果が得られたかを調べ、解決や探究に必要な知識と技能の習得を評価する。そして、その結果に関係付けて、子どもの問題解決力や探究力を大雑把ではあるが推し量る。しかし、それは、問題解決力や探究力の育成がどこまで達成されたのかを直接評価しているわけではない[5]。

　生得的な力であれば、知識・技能の習得なしに発揮されることがあっても不思議ではない。ここで議論している問題解決力や探究力に何らかの生得的な要素が含まれていることは否定しないが、学習指導要領の目標として示されてい

88　第Ⅰ部　学習指導要領のあり方を問い直す

ることから考えて，多くが学校教育で育てるべき後天的能力とみなすべきだろう。後天的な問題解決力や探究力は，具体的な課題に即して考えて初めて意味をもつ能力であり，その課題に即した具体的な「知識・技能の習得」なしには身に付くようなものではない。問題解決や探究といった活動を念頭におき，具体的な課題に即して知識や技能を習得していく授業が必要となる。教師がそのような授業を実践していれば，子どもは，思いつき，信念，既習事項などを使って問題解決に取り組み，自分の間違いを改め，知識を洗練し，理解を深め，仮説をもって次の問題解決に向かうことができる[6]。そして，一連の授業の結果として，子どもは知識や技能を習得する。この学びの過程で，教師は問題解決力や探究力が育つことを期待し，知識や技能の評価と関係付けてそれら力の育成を推し量る。

　知識や技能が習得できる授業には，具体的な課題に即した問題解決や探究といった活動が不可欠であり，知識や技能の習得が適切な授業で行われるのであれば，結果として問題解決力や探究力が育成される（と期待するしかない）。つまり，教科「理科」の教育では，1本目の柱に対応した「知識・技能の習得」という目標の達成に努めることが第一義なのである。筆者は問題解決力や探究力の育成が不要だと主張しているのではない。問題解決力や探究力の育成は，知識や技能の習得を通じてなされるのであって，問題解決力や探究力という大まかな能力自体の達成を目標にすることができないこと，2本目の柱にすることはできないことを述べているのである。教科「理科」においては，2本目の柱「思考力・判断力・表現力の育成」は柱の用をなさない。解体して1本目の柱「知識・技能の習得」に含めてしまうべきだと考えている。

❹　新しい柱「知識・技能の熟達」

　教科「理科」においては，「知識・技能の習得」なしに問題解決力や探究力を育成することはできないことを論じ，「育成すべき資質・能力」の3本柱の内1本「思考力・判断力・表現力の育成」を解体した。それでは，知識や技能

の習得ではなく，知識や技能の熟達にまで高めた目標を設定するとどうなるだろうか。ここでいう熟達とは，子どもが既に習得した知識や技能を，不良定義問題（ill-defined problem），不良設定問題（ill-posed problem），不良条件問題（ill-conditioned problem）といった特徴をもつ複雑な問題を解決するために活用できるようになることを意味している[7]。以下では，新しい2本目の柱を構築することを試みる。

　不良定義問題とは，問題が明確に定義されておらず，あいまいさのために答えが決まらない問題である。良設定問題（well-posed problem）と呼ばれる問題がある。解は存在し，それが一意に決まり，条件（初期条件などのパラメタ）が連続的に変化したときに解も連続的に変化するような問題である。良設定ではない問題が不良設定問題である。不良条件問題は，パラメタなどの条件数が多いなど，解決するための状況が悪いため解が一意に決まらない問題である。以下では，不良定義問題，不良設定問題，不良条件問題を不良問題と呼ぶことにする。不良問題が，文脈豊富な問題（context-rich problem）として提示されると，さらにその複雑さ，困難さは増す。文脈豊富な問題とは，ある物語や筋書が与えられており（事実か虚構かは問わない），その文脈で（解答者がその登場人物に仮託するなどして）解決していかねばならない問題である。

　不良問題とは，私たちが現実の生活や社会で直面する問題でもある。例として，家の効果的な暖房の仕方を考えよう。暖房機器の性能には不安定さや限界があり，壁の断熱は完璧ではないし，未確認の隙間から冷気が入ってくる。これが現実であり，家の効果的な暖房の仕方を考える問題は不良問題である。ところが，学校の授業で考えるときは，一定の性能をもつ暖房機器を設置し，壁の断熱は完璧で，隙間風がないという良設定問題として扱われる。

　良設定問題の使用が悪いわけではない。理科の授業で不良問題をたくさん使ったおかげで概念や法則をしっかり習得できたという話は聞いたことがない。不良問題は，子どもが知識や技能を習得するには不向きだと筆者は考えている。教師は子どもの誤解や思い込みを考慮した問題を教材として設定する。子どもはその問題に取り組むことで，自分の誤解に気付いたり，思い込みに疑いを持

90 第Ⅰ部 学習指導要領のあり方を問い直す

ったりする。そこから知識や技能の習得が始まる。このときに，不良問題を使う教師はいない。なぜなら，その問題がいかに不良であるのかを考えるために必要となる知識や技能を，子どもが十分に持っていないからである。

　不良問題は，知識や技能を習得した子どもがその熟達のために取り組む問題である。不良問題を解決する力や不良問題を探究する力の育成は，1本目の柱「知識・技能の習得」には含まれない。不良問題解決力や不良問題探究力の育成を教科「理科」の目標とするには，「知識・技能の習得」とは別に1本の柱を立てるしかない。不良問題解決力や不良問題探究力は，通常の問題解決力や探究力と同様に大まかな能力である。大まかな能力で柱を立てることには支障があると考えるなら，「知識・技能の熟達」の柱でもよい（こちらの柱の方がしっかりしている）。学んだ知識や技能を現実の問題解決に活用することの重要性は昔から議論されてきたことである。しかし，教師が「次は応用問題だ」と告げると，生徒は「難しい入試問題のことだ」と受け止める学校文化になっている。このような学校文化を変えるためにも，新しい柱の構築が必要である。

　知識や技能の活用は，知識や技能の熟達によって可能となる。「次期学習指導要領等に向けたこれまでの審議のまとめ」の文言を借りれば，知識や技能の熟達とは，「学習したことを活用して，生活や社会の中で出会う課題の解決に主体的に生かしていける」こととなろう。知識や技能の熟達を通じて不良問題の解決力や探究力を育成することは，すべての学校段階で大なり小なり考えなければならないが，基礎的な知識や技能を一定程度習得していることが前提となるので，高校教育やその先の高等教育が重要な役割を果たすことになると筆者は考えている[8]。

❺　堅牢さのない柱「態度」

　次期学習指導要領では，「態度」の育成が教科目標に設定されている。教科「理科」については，小学校では「主体的に問題を解決する態度」，中学校では「科学的に探究する態度」を育てることが示されている。これらは次期学習指導要

領を支える3本目の柱「学びに向かう力・人間性の涵養」に対応する目標である。

　教科「理科」の小学校の目標である「主体的に問題を解決する態度」とは，友人に答を教えてもらったり，解答を盗み読みするのではなく，自分で考えたり，調べたりして問題を解こうとする態度であろうか。面倒くさい測定であっても誠実に取り組み不正（データ捏造）をしない態度，薬品の量を間違えないように注意深く測定する態度などは大切だが，これらは「科学的に探究する態度」に含まれるのだろうか。「主体的に問題を解決する態度」や「科学的に探究する態度」は，問題解決力や探究力と同様に，もしくはそれ以上に大まかな用語である。

　具体的な課題に即して知識・技能を習得したからといって，たとえば，公正で慎重な態度が身に付いているとは限らない。子どもの行為に着目して，その子が手を抜かずに測定を続けているかどうかを確認することはできる。しかし，それを根拠にして，子どもが特定の態度を身に付けたと判断するのは難しい。理科の授業中は我慢して特定の態度をとるが，日常生活でのふるまいとしては身に付いていないことはある[9]。

　ある態度を身に付けてほしいと大人は子どもに期待しても構わない。学校教育に期待や願いは必要である。しかし，「誠実に取り組め」「慎重にやれ」と教師が注意してもたいした効果はない。特定の態度のたいせつさに子ども自身が気づくことが必要であり，教師の役割はそうした気づきの機会を授業の中に意図的に設けていくことである。とはいうものの，機会さえ設ければ（カリキュラム・マネジメントをしっかり実践すれば），こちらの期待する態度が養われるわけではない。態度育成がさもできたかのようにAだCだと評価して子どもへ返しても，教師の期待通りにふるまえばよいと先回りする，機を見るに敏な子どもを育てるだけである。

　3本目の柱はそれ自体でなんとか立っているかのように見えるものの，1本目の柱「知識・技能の習得」のように，目標に向けて計画的な指導を行い，その達成度を評価することができるほどの堅牢さはない。教科「理科」の教育に，ある態度を身に付けてほしいという期待や願いが必要であることは筆者も納得

92 第Ⅰ部 学習指導要領のあり方を問い直す

している。しかし，それは学習指導要領・理科を支える柱にはならない。

❻ 教科「理科」の本質と科学的な見方や考え方

　次期学習指導要領に向けた議論では「本質」という言葉が度々登場する。教科の本質を云々するのは，一般には民間教育研究団体だと筆者は思っていた（偏見をもっていた）ので少し驚いた。教科「理科」の本質について，『次期学習指導要領に向けたこれまでの審議のまとめ』には，「各教科等を学ぶ本質的な意義の中核をなすのが『見方・考え方』」（p.33）とある。本節では，科学的な見方や考え方の観点から，教科「理科」を学ぶ本質的な意義（教科「理科」の本質）について論じる。

　学校教育によって子どもにこう育ってほしいという願いは当然ある。その願いは，教科教育の目指す方向（目的，方針）として具体化される。しかし，方向だけでは教科は成立しない。一連の授業によって子どもが達成する目標（子どもに理解してもらいたい教育内容）と，目標を達成するための手立て（子どもがはたらきかける具体的な教材）が不可欠である。そうした具体的な目標と手立てこそが教科の本質である[10]。一言で表現すれば，教科「理科」は自然科学を教える（学ぶ）教科であるとなる。

　筆者のこの見解に対しては，知識偏重だとの批判がおこり，知識ではなく，科学的な見方や考え方を育成することが教科「理科」の本質だという能力重視の反論が出されるだろう。これまでの学習指導要領・理科でも，科学的な見方や考え方は育成すべき能力や態度として位置付けられてきた。しかし，次期学習指導要領では，「理科の見方・考え方」は，少なくとも「考え方」は，能力や態度ではない。次期学習指導要領では，資質・能力が3本柱として具体的に示された結果，「見方・考え方」は「資質・能力」を育成する「視点や思考の枠組み」として整理されている。そして，「考え方」については，「思考の枠組みなどであり，資質・能力としての思考力や態度とは異なることに留意が必要である」（p.167）と述べられている。「考え方」を思考力や態度と区別するこ

とに筆者は賛成である。

　『次期学習指導要領に向けたこれまでの審議のまとめ』では，「理科の見方・考え方」の中学校の例として，「自然の事物・現象を，質的・量的な関係や時間的・空間的な関係などの科学的な視点で捉え，比較したり，関係付けたりするなどの科学的に探究する方法を用いて考えること」（p.167）が示されている。「見方」は，自然の事物・現象を捉える科学的な視点である。自然の事物や現象の質的・量的な関係をエネルギーの視点から捉えるには，エネルギー概念を理解していなければならない。その理解があって初めて，「理科の見方」は立脚可能な科学的な視点となる。科学的な「見方」は，「育成すべき資質・能力」の1本目の柱である「知識・技能の習得」に深く関係しており，科学的な「考え方」と同様に，思考力や態度とは異なると筆者は考えている。

　「理科の見方・考え方」の中学校の例から，「自然の」「科学的な」「科学的に探究する」という文言を削除すれば，社会科学分野が関係する他教科の見方・考え方を述べているとしても差し支えはない。教科「理科」の特質に応じた見方・考え方には，「科学的」という文言が不可欠であることがわかる。「科学的」とはどういうことか。物理学者ファインマンは，「科学の原理—あるいは定義といってもほとんど同じことなのだが—は，知識はすべて実験によって検討されるということである。科学上で一つのことが"真理"であるかどうかを判定するものは，実験の他にはない」と述べている[11]。科学は実験（観測も含むと解釈してよい）で判定できない知識を取り扱えない。実験で判定できるよう努力する。科学者は，実験によって検討される知識について，洞察し，演繹し，推測している[12]。つまり，「理科の見方・考え方」とは，実験によって検討された科学知識が私たちに与えてくれる視点や思考の枠組みなのである。

❼　おわりに

　次期学習指導要領改訂にかかわる議論はコンピテンシーやアクティブ・ラーニングといった新語で華々しく始まった。議論の途上では，「人間関係形成力」

や「前に踏み出す力」など，さまざまな力が登場した。人間関係を形成したり，前に踏み出したりという行為がどのようなものかはそれなりに想像できる。しかし，その行為を行う力となると，筆者には何をどう評価すればよいのかわからない。率直にいえば，自分がそうした力をどれほど身に付けているのか確信を持って答えることすらできない。

　経済界や教育界は，「○○力」や「××する態度」を学校教育で子どもに身に付けさせろと要求する。しかし，大人，特に教師は，どれほどの水準以上に「○○力」や「××する態度」を身に付けているのだろうか。この質問に答えることができないのなら，学校教育で「○○力」や「××する態度」を子どもに身に付けさせるのは画餅であり，学習指導要領を支えているのは「知識・技能の習得」という1本柱のみとなる。

　本稿では，次期学習指導要領を支える「育成すべき資質・能力」の3本柱のうち1本を解体し，1本には堅牢さがないことを確認した。学習指導要領・理科は1本目の柱「知識・技能の習得」だけで支えることができる。さらに「知識・技能の熟達」の柱が加われば十分である。"なんちゃってアクティブ・ラーニング"で能力や態度を育成できたなどと勘違いせず，「知識・技能の習得」を第一義とした理科授業を実践し，謙虚なカリキュラム・マネジメントを心がけることが大切である。これが筆者の結論である。

＜注および文献＞

1) 知識（knowledge）を使ううえで必要となる技能（skill）で，文字，図，動画など何らかの記号によって表現できるものは知識に含まれると筆者は考えている。たとえば，自転車の乗り方を記号によって表現したものは技能ではなく知識であり，実際に自転車を乗りこなすという記号化できないものが技能である。しかし，次期学習指導要領では知識と技能が併記されており，その「技能」は記号化できるものを含んでいると思われる。そのため，本稿で「技能」という用語を使うときには，記号化できるものを含むかどうかは拘っていない。

2) 文科省のパブリックコメントで配布された「小学校学習指導要領（案）」「中学校学習指導要領（案）」「次期学習指導要領等に向けたこれまでの審議のまとめ」を検討対象とした。

3) 「次期学習指導要領等に向けたこれまでの審議のまとめ」p.12 の脚注 29.

7　学習指導要領・理科を支える柱　95

4）本稿では，正誤，合否，得点等の尺度を付けて子どもに示すものを「評価」としている。

5）たとえば，G. ポリア（1954）『いかにして問題をとくか』（柿内賢信訳，丸善）を読み，その内容（問題解決の技法）をどれだけ理解したかは評価できる。しかし，その結果は問題解決力の評価ではない。

6）仮説実験授業や玉田方式の授業がある。たとえば，「理科の授業づくり入門」編集委員会編著（2008）『理科の授業づくり入門：玉田泰太郎の研究・実践の成果に学ぶ』日本標準.

7）このほかに，inverse problem（逆問題）と呼ばれるカテゴリーもある。探偵の推理のように，結果から原因を明らかにしたり，現在の状況から過去を推測したりする問題である。解が一意に決まる問題もあり，逆問題であっても，不良問題になるとは限らない。

8）高校生が既習の知識や技能を活用して，生活や社会の問題の解決に取り組むような授業を真剣に検討すべきである。たとえば，科学が関係する社会問題（放射性廃棄物処理，遺伝子診断など）は不良問題であり，そのような教育内容で教科横断的授業を具体化するのがカリキュラム・マネジメントの仕事であろう。

9）学校でエネルギー資源が大切であることを学び，節電の態度を身に付けたと評価されている子どもが，家庭では電気の点けっ放しを気にしない。授業に問題があるのかもしれないが，態度を身に付けるのは簡単ではないともいえる。教師でさえ，科学知識を根拠に判断し適切にふるまう態度を身に付けていなかったのかと疑ってしまう事例がある（身に付けていたことを筆者は願ってはいるが）。水を凍らせるときに，「ありがとう」という言葉を紙にかいて見せた水はきれいな結晶になり，「ばかやろう」という言葉を見せた水はきたない結晶になるというニセ科学を使った道徳の授業が全国の学校で行われた。筆者のまわりにも，事後に知ったのだが，いくつかあった。以下は物理学者による批判である。田崎晴明「『水からの伝言』を信じないでください」，<http://www.gakushuin.ac.jp/~881791/fs/ >.天羽優子，菊池誠，田崎晴明（2011）「『水からの伝言』をめぐって」日本物理學會誌 66（5），342-346，一般社団法人日本物理学会.

10）これは教える側にとっての教科 「理科」の本質である。学ぶ側である子どもにとって，教科「理科」の本質は科学の楽しさを知ることであり，具体的な目標と手立ては，その本質を理解するための手段になると筆者は考えている。

11）ファインマン，レイトン，サンズ（1967）『ファインマン物理学　第 1 巻』坪井忠二訳，p.2，岩波書店.

12）物理学者ファインマンは「理論物理学者は洞察（imagine）し，演繹（deduce）し，新しい法則を推測（guess）する。実験はしない。実験物理学者は，実験（experiment）し，洞察（imagine）し，演繹（deduce）し，そして推測（guess）する」（括弧内筆者は原文より）と述べている（前掲書，p.2）。

II

教育のスタンダード化と教育方法学の課題

1 教育の「定型化」に挑む教育実践研究の歩み
―明治期・大正期・昭和期の授業研究に焦点化して―

2 授業のスタンダード化と教育実践の課題

3 教育のスタンダード化と教師教育の課題

1 教育の「定型化」に挑む 教育実践研究の歩み
—明治期・大正期・昭和期の授業研究に焦点化して—

埼玉大学 **北田 佳子**

❶ 問題の所在

　教育実践が「定型化」するとは何を意味しているのだろうか。明治期の日本における「公教育の教授定型」の形成過程を明らかにし、「定型化」という概念を提示した先駆者である稲垣忠彦は、教育実践の「定型化」は、単に授業等が形式化・画一化するだけにとどまらない次のような深刻な問題を孕んでいると指摘している。

　第一に、特定の権威に型を強要される、あるいは教師自身がその型に安住してしまうことにより、教師が「何のために（教育目的）」「何を教えるか（教育内容）」という問いを失い、ただ「どのように教えるか（教育方法）」を改善する存在に陥ること。第二に、実践は単なる理論の応用となり、実践のなかで理論が検証されたり、実践から新たな理論が立ち上がったりといった回路が断たれ、結果的に実践・理論双方の発展が阻害されること。第三に、政策的意図と「定型化」が結びつくことで、教育実践が管理統制されやすくなり、教師の専門性や自律性が著しく制限されること、という大きく三つの問題が指摘されている（稲垣、1971、1995=2001、1995=2002；稲垣・佐藤、1996）。

　教育実践の「定型化」がこうした問題を孕むのであれば、教育実践研究は、単に授業等の形式化・画一化を改善するにとどまらず、少なくとも稲垣の指摘するこの三つの重大な問題を、根本から問い直すことを目指さなければならない。別な言い方をすれば、教育実践研究が同様に「定型化」していけば、この三つの問題はさらに解決不可能な方向へと向かうことになろう。

　以上のような課題意識のもと、本稿では、明治期・大正期・昭和期における

教育実践の「定型化」と，それを打破しようとする教育実践研究の歩みを振り返り，上記三つの問題，すなわち，①教育の目的・内容と方法との断絶，②理論と実践の一方向的関係，③政策による教師の専門性・自律性の管理統制が，どのように現れ，また，それらを克服する試みがいかに展開してきたのかを検討する。具体的には，各時代の授業研究の記録に焦点をあて，この三つの問題との関連を論じたい。授業研究は，教師の教育実践の中核にある授業を研究する営みとして，明治期からの長い歴史を有した教育実践研究の代表的なものである。また，明治期の「公教育の教授定型」過程を明らかにした稲垣が，その「定型化」を乗り越える有効な教育実践研究として，多くの実践者や研究者と協同で取り組んできたのも授業研究である。

　以下では，明治期・大正期・昭和期の社会歴史的背景を概観しつつ，各期の授業研究記録を検討することにより，「定型化」の弊害を乗り越える教育実践研究のあり方を探りたい。その際，この「定型化」の問題を生涯にわたり探究し続けた稲垣の論考を主軸としつつ，各期の特徴を分析したさまざまな論者の視点もあわせて考察していく。

❷　明治期における「定型化」の進行

（1）明治期における教育実践の「定型化」過程

　1872（明治5）年の「学制」以降，日本には欧米のさまざまな教授理論や教授法が導入され，公教育制度が急速に整備されていった。稲垣は，この明治期に形成された「教授定型」が，公教育の普及と質保証に一定の貢献をしたことは認めつつも，同時に，教師たちの実践を規定し発展の可能性を限定することになったと指摘している（稲垣，1995=2001）。

　明治10年代にペスタロッチ主義による教授法が導入され，その後，明治20年代に入ると，ヘルバルト主義の教授法，なかでもラインの5段階の教授手続き（予備，提示，比較，統括，応用）が急速に普及した。このような普及の背景には，当時の教育政策が大きくかかわっている。1890（明治23）年の「教

100　第Ⅱ部　教育のスタンダード化と教育方法学の課題

育勅語」発布により，天皇制国家の臣民形成が教育目標として掲げられ，翌年
には，そのために必要な教育内容を明記した「小学校教則大綱」が制定された。
この「小学校教則大綱」に沿って，各学校では学校長が具体的な教師の業務を
規定する「教授細目」を作成することが義務づけられ，各教師はその「教授細
目」に従って「教案」を作成し授業を行うことが求められた。さらに，明治
30年代に入ると国定教科書制度が開始され，教科書会社等が5段階形式に沿っ
た具体的な「教案」のモデルを示したことから，ますます実践は画一化し，授
業研究も形式化していったという（稲垣，1995=2001；稲垣・佐藤，1996）。

（2）明治期における授業研究の様相

　当時の授業研究はどのようなものだったのか。稲垣が1905（明治38）年発
行の「岩手学事彙報」から抜粋した，ある尋常小学校の授業（第四学年「修身」）
の「教案」と「批評会」の記録を見てみよう。

　まず「教案」は，「題目」「教材」「目的」「準備」「教法」という5項目で構
成されている。具体的には，「題目」の箇所に「愛国」と記され，「教材」とし
て「修身書第三」，すなわち，文部省作成の国定教科書を使用することが示さ
れている。教科書の内容は，元寇において我が国のために戦った勇士の話であ
る（海後，1961，p.27）。そして，「目的」の箇所には，この勇士の話を通して「愛
国の志気を起さしむるを以て目的とす」と書かれている。続いて「準備」とし
て「日本地図」などの教具が記されており，最後に「教法」として，予備・提
示・比較・統括・応用の5段階に沿って各段階の手順内容が記載されている（稲
垣，1995=2001，pp.254-256）。

　つぎに，「批評会」の記録を見ていこう。あらかじめ発言の順番が定められ
ており，まず授業者が自評を述べ，つぎに批評委員という役目の教師が批評を
行っている。その後，他の教員からの批評が続き，最後に学校長からの話を聞
き閉会という，「一種の儀式」（同上，p.303）の様相を呈している。

　また，「批評会」での具体的な発言を見ると，「予備の段は多過ぎたり」（同上，
p.300）や「比較のところは問答的にやる方よかりしならん」（同上，p.301）と
いった，各教授段階における授業者の手続きに関する感想に終始している印象

が強い。また，学習者である子どもたちに関する意見はごくわずかしかなく，さらに，そのわずかな意見も「児童の活動少なく沈静に過ぎたり」（同上，p.302）といった漠然とした感想にとどまっている。

　以上のような明治期の授業研究記録を見ると，当時の教師たちが，「教育勅語」や「小学校教則大綱」により国が定めた教育の目的・内容を所与のものとして受け入れ，ただ「『国家の注文書にしたがって』注文通りの仕事」（稲垣・佐藤，1996，p.154）を遂行する方法を徹底するために「批評会」を行っている様子がうかがえる。そのため，5段階の教授法を導入してはいるものの，その実践からヘルバルト主義の理論を吟味するような姿勢はまったく感じられない。稲垣によれば，このような「教案」や「批評会」の形式化した儀式的な様相は，当時，他の学校にも広く見られたものであり，「授業における教師の自律的判断，選択を閉ざすもの」（稲垣・佐藤，1996，p.158）であった。

　しかし一方，明治30年代後半から40年代に入ると，教師たちによって「定型化」した「教案」や「批評会」の是非が議論されるようになったり（川合，1985；稲垣，1995=2001；稲垣・佐藤，1996)，また，教育雑誌等に子どものことが取り上げられるようにもなる（川合，1985)。川合章は，「明治期をつうじ，天皇制教育体制の確立，欧米教育思想の導入，学校と教師に対する管理体制の強化がすすめられたが，そのきびしさの中から，子どもの発達と教育実践への注目も確実にすす」（同上，p.162）んだと述べている。

❸　大正期における「脱定型化」の試行

（1）教育実践の「脱定型化」を試みた「大正新教育」

　明治期の国家主義的教育体制下で「定型化」した教授実践を批判し，その閉塞状況を乗り越えようとする改革として展開したのが，いわゆる「大正新教育」である。当時の日本では，第一次世界大戦後の経済的発展を背景に，個人主義や自由主義を標榜する大正デモクラシーがひろがりをみせていた。教育界においても，それまでの詰め込み主義や画一主義を打破し，子どもの個性や自発性

を重視した「児童中心主義」に基づくさまざまな実践が試みられた。例えば，私立成城小学校の「ダルトン・プラン」や，奈良女子高等師範学校附属小学校の「学習法」「合科学習」など，「教授細目」や国定教科書にとらわれない多種多様な実践が展開した。

　この「大正新教育」は，戦後の教育実践にもつながる重要な意味をもつものとして高く評価されている。なかでも，橋本美保は，この新教育が「教職の覚醒」，すなわち，教師がみずからの役割を「教授の機械」ではなく，「子どもたちの学びと生活を一体化させ，よりよい未来を切り開かせる支援者として位置づけ，かつ自分自身の教育実践をよりよく変革する探求者として位置づけるという意識改革」（橋本，2015，p.26）を含んでいた点を高く評価している。

　しかし一方で，当時，ますます経済的繁栄と領土の拡大を目指すようになった日本において，「教育勅語」に基づく国家主義的教育それ自体を問い直す視点は弱く，中野光は，当時の新教育が「学習方法の次元における改革運動にとどまり，教育内容政策に対するインパクトはきわめて微弱であった」（中野，1998，p.271）と指摘している。

　さらに，堀尾輝久は，「大正新教育」の意義を一部では積極的に認めつつも，その実践には「似而非児童中心主義」に基づくものも多かったことを厳しく批判している[1]。堀尾のいう「似而非児童中心主義」とは，子どもの個性や自発性を，社会秩序や規制の価値観と対立しない範囲でのみ認めるというものである。当時の日本にとって，他国に競り勝ち経済的繁栄を得るためには，国家と対立しない枠内で個性と自発性を発揮してくれる人間の育成は，まさに体制が望む教育であり，「似而非児童中心主義」に基づく新教育の実践は，日本の政治的・経済的要求を満たす方向に機能したという（堀尾，1962，pp.181-182）。

　「大正新教育」において，「定型化」に挑む多様な教育実践が展開したことの意義は大きい。しかしながら，教育実践が「真空のなかでおこなわれているのではな」く，「社会現象として存在している」（海老原，1975，p.26）ことを踏まえると，当時の国家が規定する教育目標や教育内容を根本的に問い直すという点では，限界もあったと考えられる。

（2）大正期における授業研究の様相

　以下では，「大正新教育」の代表的な新学校の一つである成城小学校の授業研究を見ていこう。1917（大正6）年，澤柳政太郎を校長として開校した成城小では，その設立の趣意に「形式の殻（ママ）を打砕いて」（成城学園澤柳政太郎全集刊行会，1979，p.406）と記されている通り，「教授細目」や国定教科書にとらわれない多様な教育実践が展開された。また，「実地授業の批評会」という授業研究が行われ，当校の研究会機関誌である『教育問題研究』にその概要が頻繁に掲載された。成城小の授業研究は，「形式化した授業批評会をこえた自由な事例研究の先駆的な例」（稲垣・佐藤，1996，pp.164-165）であったという。

　1921（大正10）年の『教育問題研究』12号に掲載された，第1回目の「実地授業の批評会」の記録を見てみよう。これは，当校の訓導だった奥野庄太郎による尋常科第1学年「聴方」の授業に関する「批評会」である。「聴方」とは，奥野が提唱した成城小独自の教科である。この「批評会」は，「小学校に於ける教科として聴方教授を特設するの必要と価値とを事実上から証拠立てる」（古閑，1921＝1989，p.85）ために実施されたと記されており，奥野の理論を実践において検証しようという意欲的な試みをもったものだとわかる。さらに，この授業では，奥野がみずから著した「欲ばり和尚」（『小學お伽選』）という，強欲な和尚が最後は窮地に陥るお噺が教材として使用されている。

　「教授案」は，大きくわけて「目的」と「材料」という2項目で構成されている。「目的」の箇所には，子どもたちに理解させたい内容として「貪欲を戒しめ，博愛慈悲の心を起さしめようとするにある」とあり，さらに，教えたい語句として「思案」「情深い」「驚く」など，お噺に出てくる単語が示されている。また，「材料」の箇所には，上述の「欲ばり和尚」というお噺の実際の本文が記載されている（同上，pp.85-87）。つまり，この「教授案」は「目的」と「材料」が記されているだけで，明治期の「教案」にあったような5段階の教法どころか，教え方に関する記述は一切見られない。

　つぎに「批評会」の記録を見ていこう。最初に，授業者である奥野が授業に

104 第Ⅱ部 教育のスタンダード化と教育方法学の課題

ついて大体の説明を行い，その後，参加者全員で批評を行ったと記されている。
明治期に見られたような儀式的な発言順は決められていないようで，「説のあ
るものはどしどし口をはさんで論じ立てた」（同上，p.90）とある。具体的な
発言の内容を見てみると，例えば，「最初に重要な言葉をぬき出して説明した
ことは，話の進行を予覚せしめて興味をそぐやうなことはないだらうか」と意
見する者もあれば，「否，むしろ或る程度それを知つてゐることは自分自分に
次々と想像構成して行つて，かへつて興味を増すこともあるだらう」（同上，
p.90）と反論する者もあり，奥野の授業の実践に沿って建設的な議論が交わさ
れていることが読み取れる。また，「批評会」の発言自体には，子どもたちの
様子に関する意見は見られないのだが，この記録を執筆した同僚の記した補足
情報として，例えば「無邪気な子供は奥野君の説明につれて，思案するといへ
ば手をこまぬいて小さな首を傾けて思案をする真似をし，情深いといへば情深
さうな顔をし（後略）」（同上，p.88）などの記述があり，そこに子どもを見取
ろうとするまなざしも確かに感じられる。

　しかし一方で，この授業の「目的」が「貪欲を戒しめ，博愛慈悲の心を起さ
しめようとするにある」と修身を彷彿とさせるものになっていることや，奥野
自身が「低学年時代にあつてはお噺による方が普通の修身教授よりも適切且有
効」（同上，p.90）と主張している記載があることを考えると，修身に代表さ
れる国家主義的教育体制の教育目的や教育内容そのものを根本から問い直すと
いう姿勢は見受けられない。むしろ，明治期の「定型化」した授業より効果的
な方法で，修身の教育効果を狙っているという印象を拭えない。

　だが，成城小の実践は，「大正新教育」のメッカとして全国から多数の参観
者を集め，多くの教育現場に甚大な影響を与えたことは紛れもない事実である。
海老原治善は，そこに「明治天皇制公教育の硬直性からの脱皮を求める日本の
教師大衆のエネルギーがあふれていることを感ずるし，同時に，それを見抜き，
明治の形式化し画一化した教育を改善しようとした」（海老原，1975，p.107）
と評価している。

　周知の通り，「大正新教育」はほどなく軍国主義によって弾圧されていくこ

とになるが，しかし，この時代におけるさまざまな教育実践の試みのいくつか
は，後の「戦後新教育」に受け継がれていくことになる。

❹　昭和戦後期における「再定型化」に対する挑戦

（1）「戦後新教育」と教育の「再定型化」

　第二次世界大戦における我が国の敗戦は，これまでの「教育勅語」に規定さ
れた国家主義的な教育のあり方を，根本から問い直す大きな転換をもたらした。
1946（昭和21）年の「日本国憲法」公布と，翌年の「教育基本法」，「学習指
導要領一般編（試案）」により，「それ以前までは公然と口にすることもできな
かった平和や人権を価値とする新しい教育理念の立法化を含む異質の教育体制
創出をめざしての一大選択」（大田，1978，p.4）がなされたのである。

　試案としての学習指導要領は，教育実践を厳格に規定するものではなく，あ
くまでも教師たちの「手びき」であるとされたことから，戦前の国家が定めた
教育目標や教育内容を根本的に問い直す多様な「戦後新教育」の実践が展開さ
れた。生活綴方教育運動やコア・カリキュラム連盟の実践などはその代表的な
一部であり，学校現場や民間教育団体による授業研究も盛んに行われた。

　しかし，このような「戦後新教育」における多様な取り組みは，開始からほ
どなく，米ソ間の冷戦進行によるいわゆる「逆コース」の教育改革のなかで，
さまざまな制限を受けることになる。1958（昭和33）年には，それまで「手
びき」としての位置づけでしかなかった学習指導要領が，法的拘束力をもつ教
育課程の公的基準として明示された後，ほぼ10年おきに改訂されることとなる。
そして，その改訂に教師が適応するための官製研修が急速に整備されていった。
稲垣は，このような状況に対し，「明治の定型化と，今日の動向とが，わたし
には二重写しに見える」（稲垣，1971，p.12）と警鐘をならしている。

（2）昭和戦後期における授業研究の様相

　再び，教育への国家介入が強化されていく「逆コース」のなか，それに対抗
するさまざまな教育実践が，民間教育団体等により展開された。その一つが，

106　第Ⅱ部　教育のスタンダード化と教育方法学の課題

「教育科学研究会」（以下「教科研」）の実践である。戦前に設立されながらも昭和10年代に軍国主義によって弾圧され途絶えた「教科研」は，勝田守一らによって，1951（昭和26）年の機関誌『教育』復活第1号をもって再建される。その際に示された「教科研」綱領草案には，「新教育の原理を継承するとともに，これを歴史の必然の方向に推し進める」（教育科学談話会，1951，p.96）と明記されている。

　実際に，「教科研」による授業研究の記録を見ていこう。以下に示すのは，『教育』1966（昭和41）年7月号に掲載された，「教科研」の宮城の会・社会科部会での授業研究記録である[2]。検討授業は小学6年の「社会科」で，明治期の「地租改正と殖産興業」を主題としたものだった。この授業では，あえて検定教科書を教材として使用し，その記述内容や系統性を批判的に検討する研究も行われた（宮城県教職員組合ほか，1966，pp.6-41）。

　まず注目すべきは，検討授業以前に，複数の実践者と研究者（教育学と経済史学）[3] による教材研究が8回にもわたり行われていることである。この教材研究のなかで，検定教科書の記述内容や，歴史学習の系統性から見た教材の位置づけなどが丁寧に検討されている。この教材研究を通して，授業者の長谷川俊一という宮城県の小学校教師は，教科書では明治維新の記述が政治中心に書かれているため，当時の国民生活の実態が見えづらいことに気づき，子どもたちには国民の視点からも日本の近代化を理解してほしいと考えるに至っている。さらに長谷川は，宮城という東北の子どもたちにとって，「地租改正と殖産興業」による近代化は，東北の農村のあり方やその地で生きる人々の生活に多大な影響を与えたできごとであり，「支配されてきた多数の国民が，支配されながらも生きてきた歴史をわからないでは本当の歴史の勉強とはならない」（同上，p.18）と力強く語っている。

　では，このような教材研究を踏まえた長谷川の「授業案」は，どのようなものだったのだろうか。「授業案」では，まず「教師の教材解釈」と単元構想を含む「授業計画」が示され，当日の検討授業に焦点化した「授業案」が記されている。さらに，その「授業案」は4段構成（「指導内容」「教師の働きかけ」「子

どもの反応」「資料」）の表となっており，授業展開に沿って予想される教師や子どもの言動などが記載されている。現在，多くの小学校で使用されている「授業案」とかなり類似した構成である。

　つぎに，「検討会」の様子を見ていこう。最初に，検討授業での教師や子どもの全般的な様子について参観者が自由に感想を述べたあと，授業の展開場面に沿って参加者が意見を交わしながら検討をしていたようである。上述の成城小同様，儀式的な様子は見られない。具体的なコメントとしては，例えば，この検討授業が丁寧な教材研究を踏まえたものだったので，「教師が堂々としていた」「正面から生徒にむかっており，別人のようにみえた」など肯定的な意見が出された一方，「教師に伝えたい内容がたくさんあり，そこへもっていきたいというあせりがあった」「授業案が精密で，それにとらわれすぎていた」「長谷川さんのひとり舞台」など厳しい批判もあげられている（同上，p.29）。また，子どもの様子については，例えば，「地租改正」の「正しい」という字にこだわっていた子がいたことをとりあげ，「だれにとって，どのような『改正』であったのか」（同上，p.31）に迫るうえで重要なこだわりだったという意見が出されたり，また教師のペースで進行する授業のなかで，困惑したり沈黙した子どもたちに着目し，「分からない子どものほうが大切」（同上，p.33）といった意見も述べられている。このような議論を経て，参加者たちは，「教師の教材に関する知識の豊富さが，そのまま授業を成功させる充分条件（ママ）にはならない」（同上，p.32）ことをこの授業から学び，教師の教材把握と子ども把握を統合させていく必要があることを確認している。

　以上の授業研究の記録は，現在，多くの学校や民間の研究会で実施されている授業研究にも重要な示唆を与えてくれる。第一に，この授業研究は，検定教科書の批判的検討を含む教材研究を重ね，子どもに，東北というルーツや教育学や経済史学という複数の学問の見地からも理論的に探究することで，単に「どのように教えるか（教育方法）」の研究に終始するのではなく，「何のために（教育目的）」「何を教えるか（教育内容）」を根本的に問うものとなっている。第二に，丁寧な教材研究に基づき授業を行ったにもかかわらず，それが教師の

108　第Ⅱ部　教育のスタンダード化と教育方法学の課題

「ひとり舞台」的な状況を招いたという事実は，教材研究だけでは授業の成功を保証することにはならないという気づきにつながり，実践から理論を検証する新たな回路を生み出す契機となっている。第三に，「支配されてきた国民」の視点から歴史を振り返るという営みは，教師が歴史学習の真正性を問うだけにとどまらず，権力体制から自律した専門家としての力量を磨くことにも寄与するものとなっている。

　しかし，留意しなければならないことは，この「教科研」の授業研究のような示唆に富む教育実践研究も，ともするとそれが新たな定型となり，その意義から切断されたかたちで普及する危険性をつねに抱えているということである。先に少し触れたが，この「教科研」の授業研究で用いられた「授業案」は，形式だけ見ると，現在多くの小学校で使用されているものと類似しており，また，上述の教材研究ほど時間をかけずとも，学年や研究部会で教材研究を行い，授業案を練り上げるといった作業は，多くの学校で行われている。しかし，それが上記の「教科研」の授業研究に見られた教育実践研究としての重要なポイントを欠いた，形骸化した定型に陥っていないかは，慎重に見極めなければならないだろう。

❺　おわりに

　本稿では，明治期・大正期・昭和期における教育実践の「定型化」と，それを乗り越えようとする教育実践研究の歩みを振り返り，稲垣が指摘した「定型化」がもたらす三つの弊害，すなわち，①教育の目的・内容と方法との断絶，②理論と実践の一方向的関係，③政策による教師の専門性・自律性の管理統制が，どのように現れ，また，それらを克服する試みがいかに展開してきたのかを検討した。総じて振り返ると，教育実践にしろ教育実践研究にしろ，各時代を通じて，「定型化」と「脱定型化」が繰り返されてきた歴史であったことがわかる。

　我々は，これを，「脱定型化」の試みが挫折を繰り返してきた歴史と見るこ

ともできれば，逆に，「脱定型化」の試みが飽くなき挑戦を続けてきた歩みと見ることもできよう。ただ一つ確かなことは，どの時代にも，「定型化」がもたらす問題を憂慮し，閉塞状況を切りひらこうと抗う人々が存在したことであり，彼らの営みがなければ，教育実践や教育実践研究の発展はなかったということである。

実践を安定的に遂行しようとすれば，どうしても実践は「定型化」に傾倒し，また，それを打破しようとする試みが，新たな「定型化」を生み出す可能性はつねに存在する。「定型化」は，単にトップダウンの強要によりもたらされるだけではなく，我々一人ひとりのなかにも，安定したルーティンやモデルを求める動機が存在していることを忘れてはならない。

2017（平成29）年に改訂された新学習指導要領は，教育の「目標・内容・方法・評価・経営の五つの主要な要素を一体化し，縛りを強化した全体構造」（梅原，2017，p.35）をもつものである。また，過去にはすでに「教育基本法」が改訂され，近い将来には憲法改正も実現しそうな勢いを増している。その意味では，現在，これまでになく深刻な教育実践の「定型化」がすでに進行しているといえるかもしれない。

我々は，いまこそ「定型化」のもたらす弊害から目をそらさず，それを乗り越える教育実践に挑み続けていかなければならない。そして，そのための教育実践研究のあり方を，これまで以上に模索していく営みが，強く求められているといえよう。

＜付記＞
史料を引用する際のかなづかいは原文のママとした。ただし，旧漢字体は新字体に改めた。

＜注＞
1）堀尾は，綴方教育や芸術教育には真の「児童中心主義」が存在すると見ている（堀尾，1962）。
2）この授業研究は，「宮城県教職員組合・実践検討委員会」との共同研究として実

110 第Ⅱ部 教育のスタンダード化と教育方法学の課題

　　施された。
3）教育学者として，当時，宮城教育大に在籍していた稲垣忠彦が参加している。

＜引用文献＞

・ 稲垣忠彦（1971）「授業の定型化とその反省」『児童心理』25（4），pp.11-18，金子書房.
・ 稲垣忠彦（1995=2001）『明治教授理論史研究：公教育教授定型の形成［増補版］』評論社.
・ 稲垣忠彦（1995=2002）『授業研究の歩み：1960-1995 年』評論社.
・ 稲垣忠彦・佐藤学（1996）『授業研究入門』岩波書店.
・ 梅原利夫（2017）「戦後 70 年の教育課程政策と 2017 年改訂」，『教育と人間』93，pp.28-35.
・ 海老原治善（1975）『現代日本教育実践史』明治図書.
・ 大田堯編（1978）『戦後日本教育史』岩波書店.
・ 海後宗臣・仲新編（1961）『日本教科書大系（近代編）第 3 巻』講談社.
・ 川合章（1985）『近代日本教育方法史』青木書店.
・ 古閑停（1921=1989）「奥野君の聴方実地授業」，『教育問題研究』12，pp.85-91（成城学園教育研究所編『復刻版 教育問題研究第 3 巻』龍渓書舎，収録）.
・ 教育科学談話会（1951）「教育科学研究会綱領草案」『教育』1，pp.95-99.
・ 成城学園澤柳政太郎全集刊行会編（1979）『澤柳政太郎全集 第 4 巻（初等教育の改造）』pp.406-411，国土社.
・ 中野光（1998）『大正自由教育の研究』黎明書房.
・ 橋本美保（2015）「序章 大正新教育・再訪」，橋本美保・田中智志編『大正新教育の思想：生命の躍動』pp.3-31，東信堂.
・ 堀尾輝久（1962）「大正デモクラシーと教育 社会＝教育構造の変化」，『岩波講座現代教育学 5（日本近代教育史）』pp.164-186，岩波書店.
・ 宮城県教職員組合・教育科学研究会（1966）「地租改正と殖産興業－社会科実践検討会」，『教育』198，pp.6-49.

1　教育の「定型化」に挑む教育実践研究の歩み　111

112　第Ⅱ部　教育のスタンダード化と教育方法学の課題

2　授業のスタンダード化と 教育実践の課題

大阪教育大学　**福田　敦志**

❶　はじめに

　「⊕で始まる授業」（＝本時のめあてを板書するところから始まる授業）への違和感を教職員間で共有できないという嘆きを聞く機会がこのところ多々ある。その嘆きの背後には，「これからやることがわかっている授業の何がおもしろいのか」という批判的な意見に困惑する教師たちとの埋めがたい溝がある。その溝は，授業を一つの典型とする「教室で学ぶ」とはどのような営みであるのかをめぐっての見解の相違，いな思想の相違に由来するものではないだろうか。

　かつて，「一人でわかる」ことと「みんなでわかる」こととの統一をめざす授業が理論的かつ実践的に追求されていた時代があった[1]。そこでの授業は，子どもたちが学ぶに値する教育内容や教材を吟味し，そこに内在する「真理・真実」を子どもたちに学びとらせることを通して，一人ひとりの学習権と発達権を保障する営みを追求しようとしたものであった。それは子どもたちが「わかった／できた」ことを互いに喜び合う授業でもあったであろう[2]。

　しかしながらいまや授業は，子どもたちが「わかった／できた」ことに安心する時間と空間にとどまっているのではないか。すなわち，授業で獲得することがめざされている事柄を「わかる／できる」ようになることが自明視され，「わからない／できない」でいる者の悲しみは誰にも酌み取られないまま，「わからない／できない」ことがその個人にまつわる種々の事情に結びつけられたうえで「劣った者」として眼差されるような授業に成り下がっているのではないか。こうした授業のなかでは，子どもたちは「わかった／できた」ことの喜びを味わうどころか，「わからない／できない」でいる者への疑問（＝「なぜ

こんなこともわからない／できないの？」）や蔑みを抱く者と，「ほかでもない
わたし」として生きる誇りを少なくともこの授業のなかでは傷つけられずに済
んだことに安堵する者，さらには「わからない／できない」ことの積み重ねに
よって自らの尊厳が踏みにじられていく者へと分断され続けていくのではない
か。冒頭で述べた，違和感を共有できず困惑する教師たちが，この三様の子ど
もたちのいずれに親和的であるかは指摘するまでもないだろう。

　こうした状況とともに，授業のスタンダード化は拡大・浸透している。

　したがって本稿では，上述したような情勢のなかで生じている教育実践の課
題を浮かびあがらせ，その克服の筋道を模索することを主たる課題とする。①
そのためにまず，授業のスタンダード化が提案されてきた時代背景とそのなか
を生きる子どもと教師の在り様を明らかにする。②次に，こうした情勢の一つ
の典型例としての大阪の状況を批判的に検討しつつ，授業のスタンダード化に
よって生じる課題を提起する。③さらに，その課題を克服する筋道を明らかに
する上で示唆的であると考えられる理論と実践を検討しつつ，授業スタンダー
ドにとらわれた学校に風穴をあける視点を仮説的に提起してみたい。

❷　教育における「包摂」のしくみの再構築

（1）　授業のスタンダード化の経緯とその意味

　この国の学校に浸透しつつあるスタンダードは，先行して始まっていた欧米
におけるスタンダードとは決定的に異なる点がある。欧米においては，到達し
ているはずの資質や能力の一覧として設定されているスタンダードが，この国
においては学校生活を送るうえでの心構えの一覧や授業進行の「型」として示
されている。この相違点の意味をどのように把握すればよいのであろうか。

　ここで，かつて「ゼロ・トレランス方式」が日本に「輸入」されようとした
2000年代半ばに示されていた，急速に進む教職員集団の世代交代をめぐって
の一つの解釈を想起しておきたい。すなわち，「学校における生徒指導の現場
において，教職員それぞれの判断と対応に頼って運用されてきたのが実情であ

り，その具体的対応方針や基準の在り方について，必ずしも十分な検討が行われてこなかったという経緯も否定しがたい」という解釈である[3]。

この時期に定年退職を迎えようとしていた教師たちは，1970年代から1980年代に吹き荒れた校内暴力の嵐に青年教師として立ち向かい，1990年代後半から2000年代にかけて学校現場を揺るがした学級崩壊や学校崩壊に対して，経験年数の豊かな教師として子どもたちに向かい合っていた教師たちである。その教師たちの経験を一般化できないものであるかのように矮小化し，その代わりに「経験豊富な教員の大量退職を迎え，世代交代が進む中で，問題行動に毅然として対応し，生活指導等を通じて学校規律を回復させ，子どもの規範意識の育成に資するという生徒指導の側面について，その今後の在り方等を様々な観点から検討していくことは大変意義深い」とし，その観点の一つとして「ゼロ・トレランス方式」の導入を謳ったのである[4]。校内暴力や学級崩壊等に立ち向かった教師たちの培った遺産を捨て去ることと「毅然とした対応」を奨励していくこととのあいだには，子どもたちが生きていくなかで必然的に形成している「文脈」を無視するという共通点がある。このことは教師たちから「考える」ことを奪うことであり，教師に「従順で，取り換えかつ使い捨て可能な存在としてのみ生きること」を要求することでもあろう。

こうした問題意識を踏まえるならば，「型」としてのスタンダードがもつ意味は明瞭であろう。すなわち，子どもたちに一定の資質や能力の形成の保障を謳うことで，そのスタンダードに対する吟味の機会を教師から奪い，そのことを通して教師も子どもも統制していくという意味である。

このような性質をもつ「型」を志向する授業のスタンダード化は，すでに多くの論者が指摘している通り，目標管理という労務管理の教育版として浸透してきている。このことにかかわって子安潤は，授業のスタンダード化の仕組みを以下のように示す。すなわち，PDCAサイクルを教育の現場に取り入れることにより，目標の妥当性や評価の公共性が問題とされることなく，政治的思惑をもつ首長や教育長から，学校は目標達成を強く迫られるようになる。その圧力にさらされる教育委員会や学校は，旧来の管理主義的発想ともあいまって授

業や学級運営のスタンダードを設定し，そのことによって学校と教師を統制しながら一定水準の目標を達成したと見せようとする。ここに典型であるような，目標管理の教育システムとそれへの対応という一連の流れが，授業のスタンダード化を引き起こすというのである[5]。

　興味深いのは，こうした動きは地方から始まり，浸透してきている点である。この動きを下支えしているのが，「教育振興基本計画」の策定が求められるようになった，2006年の「改正」教育基本法であることは疑いがなかろう。「教育振興基本計画を策定すべし」という環境が整えられることによって，「主体的」に授業のスタンダード化を志向するように誘われているのである。

（2）　授業のスタンダード化を志向する情勢の背後にあるもの

　授業のスタンダード化が志向され始めた時代は，「21世紀日本の構想」懇談会による「日本のフロンティアは日本の中にある－自立と協治で築く新世紀」（2000年1月）と題された報告書のなかで記された言葉に象徴的であるように[6]，「新しい公」を担う「たくましく，しなやかな個」，すなわち，自立した強い個人が志向され，自己責任論が喧伝される時代であった。現行の学習指導要領（2008年3月告示）は，こうした時代のなかで告示されたものである。

　それ以降，先般告示された新しい学習指導要領（2017年3月告示）に至るこの間の過程は，子どもの貧困が社会的課題として明確に可視化されるようになってもなお，自己責任論を批判的に克服しようとする動きは大きなうねりになることなく，むしろ自己責任論の一定以上の浸透を背景にして，静かにかつ大きな変化がなされてきた過程でもあった。

　アクティブ・ラーニングをめぐる喧騒のなかで教育の世界ではあまり注目されてこなかったようにも見受けられるが，新学習指導要領に込められた思想を理解するうえで重要な鍵となるのは「第4次産業革命」および「2030年」といった問題群である。

　「2030年」が焦点となるのは，この国における75歳以上人口が一旦最高点に達し，超高齢化社会の極点に至ると想定されていることが一つの理由であるが，それ以上に問題だと政策立案者の側に認識されているのは，「2030年」を一つ

116　第Ⅱ部　教育のスタンダード化と教育方法学の課題

の目処として産業ならびに就業構造の変革を達成しなければこの国は「ジリ貧」となるという危機感である。一例ではあるが，具体的には人工知能やIoT，ロボットといった「共通基盤技術」に，運転制御や医薬品開発，介護等の「産業コア技術」や事故や医療に関する各種の「データ」を重ね合わせて，一般道でさえも可能となる無人自動走行や介護ロボットの使用も含んだ介護ケアの確立を確実に実現しつつ，それらに基づいた新しい産業と社会のあり様をさらに前進させうる「人材」の育成が急務であると考えられているのである[7]。

　このことは，中西新太郎によれば，そうした「発展」を牽引する「エリート層」の育成だけが重要視されているわけではない。このような社会が実現するには，そこに適応するように「陶冶」された人びともまた必要不可欠なのである[8]。この問題意識に支えられて，「新しい時代に必要となる資質・能力の育成」が謳われる新学習指導要領が生み出されたのだと押さえておく必要があるだろう。また，新しい社会に適応するように「陶冶」される必要があるということは，適応を要請する社会のあり様それ自体は疑わせないということを意味することも合わせて押さえておきたい。

　加えて，2006教育基本法第10条で家庭教育の重要性が謳われたことが一つの嚆矢であると思われるが，いわゆる子ども・子育て関連3法のなかでも「保護者が子育てについての第一義的責任を有する」という基本的認識が改めて確認されたように，「保護者の第一義的責任」を強調する「家庭教育の充実」を自明の前提とする思想が広く浸透してきているのも，この間の特徴である。この情勢が家庭教育支援法案の成立をめざす動きの背景にあることは疑いないだろう。周知の通り，自己責任論は「保護者に子育ての第一義的責任がある」という考え方と極めて親和的である。この親和性は，「できない」「気になる」子どもの問題性を保護者に押しつけることを正当化し，「その子のことを必要以上に気にすることはないのだ」という免罪符を教師や学校に与えることへとつながるとともに，保護者のより一層の孤立化を招くこととなる。

　「第4次産業革命」に向けて邁進させようとする動きと「保護者の第一義的責任」の強調。その背後にある自己責任論の拡大と浸透。授業のスタンダード

2　授業のスタンダード化と教育実践の課題　117

化を志向し，新学習指導要領を準備する過程の背後にあるこうした情勢が学校現場にどのような影響を及ぼし始めているのか，節を改めて考えてみよう。

❸　授業のスタンダード化のなかで生み出される世界

（1）「大阪の授業STANDARD」の限界

　授業のスタンダード化は，授業スタンダードを作成することだけにとどまらず，種々の要素が絡まり合うことでより一層の影響力を発揮することになる[9]。ここでは，授業のスタンダード化の浸透と「中学生チャレンジテスト」の実施とが相まって特徴的な様相を呈している大阪の状況を取り上げて考えてみたい。

　大阪府教育センターが作成した「大阪の授業STANDARD」[10] では，その第1章に当たる「大阪の授業STANDARDがめざすもの」のなかで，「子どもを大切にする」「子どもの力を信じる」「子どもの力を引き出す」ことを冒頭で大きく掲げながら，「『先生が教え込む授業』から『子どもが学びとる授業』への転換」という「授業改革」を進めていくのだと高らかに宣言している。多くの者が励まされるであろう主張から「大阪の授業STANDARD」は始まるが，そこでめざされている「子どもが学びとる授業」は，「子ども主体の授業」と言い換えられながら，授業は以下の5つの段階で構成すべきことが述べられている。すなわち，「出合う（課題を積極的に受け止め，意欲的に向き合う）」「結び付ける（既存・既習の知識・技能と結び付ける）」「向き合う（自分の力を頼りに一人で課題に向き合う）」「つなげる（友だちの考えをつなぎ，考えを深める）」「振り返る（自己の学びを振り返り，自己評価を行う）」である。

　特徴的なことを一つだけ言及するならば，上記の「つなげる」の段階においては，「発表させる考え」を選択する際には，「比較検討させた結果，本時の目標に到達」させるために「必要な代表的意見を複数取り上げ」るべきことを主張し，「小学校の発達段階では，多くても5つぐらいに留めてお」こうと指摘する[11]。「考えを発表させるポイント」として「多様な考えや意見を大切に取り上げる」と記載しているにもかかわらず，多様な考えや意見は教師があらか

じめ設定した目標に誘うための道具に貶められているのである。

　このとき授業は，授業者によって設計された枠組みのなかで，その枠組みそれ自身を問い直すことをさせないように思考させる時間と空間になる。そこで展開される学習の営みにおいては劇的事件は起こりえず，したがってその時間と空間においては，授業者の「お眼鏡に適う」，理性的な言語のみが語られることとなってしまうだろう。ここでは，わからなさやできなさに基づく戸惑いや不安，恐怖，怒りといった感情ないし情念に突き動かされた言葉や行為は，不適切なものとして排除される。この場合，そうした言葉に耳を傾け，その行為の意味を読み取ろうとする子ども集団が形成されていくわけもなく，むしろそれらの言葉や行為は授業を妨害するものとして忌避され，結果としてわからなさやできなさに基づく感情や情念は，子どもたちそれぞれの内面に鬱屈させられていくこととなるだろう。

　ここから，「大阪の授業STANDARD」が孕む問題として，大きく2つの点が浮かびあがる。第1に，「子どもが学びとる」べきものとしてあらかじめ設定された目標としての知識や技能それ自体は決して子どもたちとともに吟味する対象とはならず，したがってその授業のなかで育まれることが期待されている「思考力・判断力・表現力」も，想定されている「善」なるものへと無批判に，かつ直線的に近づいていくための力にしかならないという問題である。第2に，期待されている「答え」や特定の「やり方」以外の考え方を提起したり，自らの考えや行為が受け入れらずに荒ぶる状態へと陥ったりする者は，秩序を乱す者として忌避され，排除されるであろうという問題である。

　こうした問題点をもつ「大阪の授業STANDARD」の影響下にあっては，効率的な授業進行を邪魔されたくない教師の思惑と，「わからない」「できない」ことが級友に知れ渡ることを恐れたり，授業進行を止めることで迷惑をかけたくないと思ったりするような子どもの振る舞いとがあいまって，かつての「ストップ発言」のような取り組みが改めて顧みられる可能性はきわめて低いだろう。すなわち，権利行使主体としての子どもを育てることなど思いもよらないような授業が生み出され続けることになるのである。

（2）「競争」への参加を自明視させるしくみの構築

　こうした状況に加え，大阪府の場合，「中学生チャレンジテスト」なる行政
調査が実施され，その「調査結果」に基づいて作成される資料が子どもたちの
評定に強い影響力を発揮することから，学校現場に大きな混乱と問題が生じて
いる[12]。

　その一つは，評定にかかわる問題である。1年次及び2年次の1月に実施さ
れるそのテストの結果によって，一人ひとりの子どもに対する学校での評定に
修正を加えるよう強要され，それに対する異論を述べる協議の場もほとんど開
催されないことや，3年次の6月に開催されるテストの結果によって各学校の
内申点の平均値が決定されるばかりか，国・社・数・理・英のテスト結果によ
って，ほかの4教科の評定も決まってしまうという問題が生じている。さらには，
授業運営にかかわっても，テスト実施の前までに出題範囲を終えておく「責任」
が生じるがゆえに，学習指導要領や教科書以上に個々の教師の授業展開を拘束
し，「子ども主体の授業」どころか教師主体でさえない，出題範囲まで進んだ
という事実だけが重視される授業に堕しているという問題も生まれている[13]。

　いまや学校の正門をくぐることは，自らを人的資本とみなし，競争的地位と
価値を高め，評価と格付けを最大化し続けようと一人ひとりに仕向ける新自由
主義的な理性の影響下のなかで[14]，自らの価値と評価を高め続けていかなけ
れば生き残ることのできない競争に「主体的に」参入しようと試み続ける者の
みに許される行為に成り下がってしまっているかのようである。他方で，この
競争に「主体的に」参入することに耐えきれない者やそこに意味を見いだすこ
とができず，その競争から「降りていく」者は，存在それ自体が周りの者から
忘却されていくことにつながりかねない[15]。こうした状況のなかにあっては，
子どもたちが過度な抑圧感や圧迫感を感じて精神的な苦悩を深めて問題行動を
頻発させたり，学校の内申点の平均値を下げることに「貢献」してしまうよう
な子どもへの攻撃を強めたりするようになることは容易に想定されるであろう。
事実，大阪府下の2015年度の国公私立小・中・高等学校における暴力行為の
発生件数／同1,000人当たりの発生件数は，それぞれ9,785人／ 10.3人と他の

120 第Ⅱ部 教育のスタンダード化と教育方法学の課題

都道府県に比べても群を抜いて多い事態に陥っているのである [16)]。

このような状況のなかでは，不登校であったり少年院等の他機関に送致され
ていたりして学校から離れていた子どもが「復帰」しようとしたとき，その「復
帰」を迷惑にさえ思うような学校が出現してもおかしくはないだろう。

（3） 授業のスタンダード化と「わたし」の否定

子どもたちだけではなく教師たちもまた自らの価値と評価を高め続けなけれ
ばならないような競争への参入が自明視される環境が整えられ，そのなかで働
かざるをえない教師たちは，特徴的な傾向を示すようになる。すなわち，スタ
ンダードとして示されている内容ややり方を「善」なるものであると無批判に
受け入れ，それらを示されている通りに達成することが「善」であると信じ込
む，たとえ順調に子どもが成長し，子ども集団が発展していたとしても，スタ
ンダードを変更することなど思いもよらない，スタンダードを遂行することは
「当たり前」のことであるから過不足も滞りもなく取り組みたい，それゆえに
スタンダードの遂行を妨害するような子どもを忌避する等々といった傾向であ
る。

こうした傾向をもつがゆえに，授業のスタンダード化の「支持者」たちは当
然のことながら，スタンダード化していく動向に異議申し立てを行う教師に対
して嫌悪感を抱き，「支持者」たちが多数派を占める職場においては，そうし
た教師は「浮いて」いくこととなる。

だが，授業のスタンダード化の「支持者」たちはなぜ，それへの異議申し立
てをする者に嫌悪感を抱くのか。なぜ，自分とは異なる考え方をもつ者への好
奇心を呼び起こすことにならないのか。その「答え」として，「決められた」
ものに対する疑いをもつという発想が理解できないことに加え，例えば，互い
の意見を聞きながら合意を形成していくという意味でのコミュニケーションを
無駄とする考え [17)] や，スタンダードを「善」と信じる自分が全否定される恐
怖に戦慄し，その事態を未然に防ごうとしているという考えが浮かびあがる。

前者の考えが「正解」ならば，それは民主主義の危機である。後者の考えが
「正解」ならば，学校は自らの存在を懸けた戦場と化している。いずれの考え

2　授業のスタンダード化と教育実践の課題　121

であっても共通するのは，「わたし」が大切にされないという状況である。ここで「わたし」に含まれるのは教師であり，子どもである。

　こうした状況に風穴を開け，授業や教室，学校を変革していく実践を構想する論点について，節を改めて考えてみよう。

❹　対話が生み出される授業づくりの視点と課題

（1）「わたし」であることを祝福する時間と空間の創造

　子どもたちだけではなく教師たちもまた，感情や情念とともに教室のなかにある。自らの身体を生きているからこそ，その身体に発する諸々の感情や情念にときとして振り回されながら，教室のなかにある。すでに見てきたように授業のスタンダード化は，そうした感情や情念を封じ込め，そのことによって「わたし」であることをやめさせていくように作用する。

　こうした状況を克服する試みは，たとえば「ケアの倫理」や「複数性」という観点から公共空間をとらえなおそうとする試みと通底するものである[18]。ここでいう公共空間とは，齋藤純一によれば，「自らのものではないもの」との交渉を可能にする空間であり，それは「自らを他に対して曝していく行為，自らの安全装置を部分的に解除する行為によって形成され，維持される」空間であるがゆえに[19]，公共空間に入ることは，自らが傷つけられる可能性を受け入れた状態にあることをも意味するのである。敷衍するならば，スタンダードで示される既存の「善」なるものを無批判に受け入れようとする教師も子どもも，その「善」を吟味しようとすることで生まれる公共空間に入って傷つけられることを徹底的に回避しようとしていると考えることができよう。

　このことにかかわって，ヴァルネラヴィリティ（vulneravility）という，医学や政治学の世界において近年，とみに注目されてきた言葉がある。普通「脆弱性」や「傷つきやすさ」という意味を付与される言葉であるが，他方で「攻撃誘発性」という訳語があてられることもあり，だからこそ人間のもつヴァルネラヴィリティに応答しうる倫理や社会のしくみを構築することが重要な課題

122 第Ⅱ部 教育のスタンダード化と教育方法学の課題

として認識されつつある[20]。これは,「受苦的存在」としての人間に着目し,「パトスの知」を構想しようとしたかつての議論[21] を再検討することをわたしたちに呼びかけているともいえよう。

　傷つき,苦しみながら,なお他者を攻撃し,他者からの攻撃を引き出す。こうした苦悩する子どもたちや教師たち自身が,ほかでもない授業のなかで交わされる言葉や身体との出会いを通して,自らの苦悩を引き受けつつ,他者とともに学ぶためのしくみをつくりだすこと。それは「わかって／できて当たり前」の事柄に疑問を差し挟ませず,「主体的に」取り組ませていく授業を乗り越え,白々しい拍手に誤魔化されることなく,わかった／できたことを喜び合い,互いの成長を祝福し合う授業を追求することにつながろう。またこの追求は必然的に,学ぶに値する内容や身につけるに値するちからを子どもたち自身が吟味する方にもひらかれていくだろう。

(2) 葛藤する経験の保障と葛藤が生まれる授業づくり

　こうした授業を追求することにかかわって,子安潤は授業のスタンダード化を批判しながら,「授業づくりに欠落している教科内容研究,教材研究に位置を与え,教科書教材の定型的解釈を越える一歩を踏み出す」こととしての「文化性」と,「子どもの『わからなさ』や『戸惑い・逸脱』への応答を基本に授業を柔軟に進める」こととしての「やわらかさ」を提起している[22]。

　ここで「定型的解釈を越える」ことや「わからなさ」「戸惑い・逸脱」の状態にあることに共通するのは,葛藤する「わたし」や「わたしたち」との出会いである。かつて高橋英児は授業づくりの重要な視点として「『コンフリクト』(対立・矛盾・葛藤)から現代社会を問い直す」「問題の中にある『コンフリクト』を顕在化させる」ことを主張していた[23]。その視点は子どもをその問題の当事者として立ち上がらせていくことをも含んだ提起であったが,その提起を,葛藤する経験を保障する観点から改めて引き受けなおすことが求められているだろう。

　このことにかかわって,葛藤が生まれる授業を創造しうる教師たちが身につけているのは,授業の「型」ではない。そうではなくて,その地域に生きる子

どもたちとともに学び，その子どもたちとともに人間として大きくなろうとする教育の「思考形式」（Denkform）である。例えば「子どもの生活現実から出発する」「科学の原理や文学の技法を，子どもの目が現実世界や作品世界へとひらかれていくための視点として吟味する」「その視点を文脈の中で豊かに学ぶことができうるか否かという観点から教科書を吟味したり，自主教材や問いをつくりだしたりする」「子どもたちの自治を追求する」等である[24]。

　一人ひとりの子どもを学校という場で育てる教育の「思考形式」は，傷つくことを恐れ，苦悩する教師を励ますことを可能にする。なぜなら，そこには教育の論理が貫かれているからである。

（3）　教師による環境変革と自己変革を励ます教育方法学のほうへ

　「⑳で始まる授業」への批判に困惑し，怒りすら覚える教師は，「教室で学ぶ」「授業に参加する」ことをおもしろいと思ったことがないばかりか，苦役とさえ思い，それに耐え忍ぶことが学校にいくことであると理解してきた教師であるかもしれない。だが，教師という仕事が今なお魅力的でありうるのは，授業を，教室を，学校を変えようと働きかけ，子どもたちの笑顔を引き出すことに挑戦し続けることが，自分自身を成長させ続けていく可能性にひらかれているからである。自らの可能性に気づくことほど，自らを励ますものはなかろう。「働きかけるものが働きかえされる」という論理に貫かれた教育という営みは，教師という仕事を追求しようとすればするほど，教師自身を励ますのである。

　こうした営みを支えるものこそが，教育の「思考形式」にほかならない。それは，「同型のものを数多く作るための元になるもの」（『新潮日本語漢字辞典』）としての「型」と同一のものではありえない。一人前の教師になるために「型」を教えることも重要であるという意見もあろうが，「型」を乗り越えさせる指導構想がないのであるならば，その意見に与することはできない。「型を教えることでいずれ自分の力で型を抜けていくであろう」という楽観論は自己責任論以外の何ものでもないからであり，また「型」を教えることは，「教えてやる－教えられる」という支配－従属関係を温存させることにもつながるからである。

124 第Ⅱ部 教育のスタンダード化と教育方法学の課題

授業のスタンダード化が拡大・浸透する情勢のなかで，教師が教師として生きることを励ます教育の「思考形式」を吟味する。それこそが，現実のなかで呼吸し，現実に応答しようとする教育方法学が果たすべき責任なのである。

＜註＞

1) 荒巻理絵（1987）「『一人でわかること』と『みんなでわかること』の統一」，吉本均責任編集『現代授業研究大事典』pp.431-433，明治図書出版参照.
2) 言うまでもなく，こうした授業を模索した営みにも歴史的な限界があったことは指摘されている。例えば，岩垣攝・子安潤・久田敏彦（2010）『教室で教えるということ』八千代出版参照.
3) 文部科学省初等中等教育局児童生徒課（2006）「生徒指導メールマガジン」第16号，<http://www.mext.go.jp/a_menu/shotou/seitoshidou/04121503/1370136.htm>（2017年8月28日最終閲覧）参照.
4) 同上.
5) 子安潤（2016）「子どもの未来をひらく授業づくり」，竹内常一編集代表，子安潤・坂田和子編著『学びに取り組む教師』pp.27-29，高文研参照.
6) 「21世紀日本の構想」懇談会（2000）「日本のフロンティアは日本の中にある ―自立と協治で築く新世紀―」，<http://www.kantei.go.jp/jp/21century/houkokusyo/index1.html>（2017年8月28日最終閲覧）参照.
7) 産業構造審議会（2017）「新産業構造ビジョン」，<http://www.meti.go.jp/press/2017/05/20170530007/20170530007-2.pdf>および2030年展望と改革タスクフォース（2017）「2030年展望と改革タスクフォース報告書」，<http://www5.cao.go.jp/keizai-shimon/kaigi/special/2030tf/report/report.pdf>（2017年8月28日最終閲覧）参照.
8) 中西新太郎（2017）「知識基盤社会論の迷妄」，民主教育研究所編『人間と教育』(93)，pp.20-27，旬報社.
9) 一例ではあるが，小中一貫教育の推進に当たって中学校区でのスタンダードの作成が重要な足がかりとなっていることは押さえておいてよいだろう。京都市教育委員会学校指導課（2016）「京都市の小中一貫教育」，<http://www.city.kyoto.lg.jp/kyoiku/cmsfiles/contents/0000148/148269/syoutyuikkannri.pdf#search=%27スタンダード＋義務教育学校%27>（2017年8月28日最終閲覧）参照.
10) 大阪府教育センター（2012）「大阪の授業STANDARD（リーフレット）」，<https://www.osaka-c.ed.jp/kate/gakusui/gakusui-folder/osakanojugyoustandard.pdf#search=%27大阪＋授業＋スタンダード%27>（2017年8月28日最終閲覧）参照.
11) 同上参照.
12) 大阪府教育委員会によれば，「中学生チャレンジテスト」とは，「府内における生

徒の学力を把握・分析することにより，大阪の生徒の課題の改善に向けた教育施策及び教育の成果と課題を検証し，その改善を図る」ために行われるものであり，かつ「調査結果を活用し，大阪府公立高等学校入学者選抜における評定の公平性の担保に資する資料を作成し，市町村教育委員会及び学校に提供する」ものであるとされている <http://www.pref.osaka.lg.jp/shochugakko/challenge/h29jissiyouryou.html>（2017 年 8 月 28 日最終閲覧）参照。また，この調査がもつ問題性を指摘しているものとして，<http://challengetest.main.jp/wp/wp-content/uploads/2016_10_fuminkaigi_bira.pdf>（2017 年 8 月 28 日最終閲覧）も参照のこと。

13）大阪教育文化センター（2017）「チャレンジテスト 怒りの座談会」，『おおさかの子どもと教育』第 86 号，2017 年 1 月，pp.2-21.

14）ウェンディ・ブラウン（2017）『いかにして民主主義は失われていくのか：新自由主義の見えざる攻撃』（中井亜佐子訳）みすず書房参照.

15）上間陽子（2017）『裸足で逃げる：沖縄の夜の街の少女たち』太田出版参照.

16）文部科学省初等中等教育局児童生徒課（2017）「平成 27 年度『児童生徒の問題行動等生徒指導上の諸問題に関する調査』（確定値）について」，<http://www.mext.go.jp/b_menu/houdou/29/02/__icsFiles/afieldfile/2017/02/28/1382696_001_1.pdf>（2017 年 8 月 28 日最終閲覧）参照.

17）こうした考えを象徴する言葉の一つが「ガバナンス」であろうが，この言葉もまた，新自由主義的な理性の影響下で現れてくる言葉にほかならない。前掲 14）参照。

18）岡野八代（2012）『フェミニズムの政治学：ケアの倫理をグローバル社会へ』みすず書房及び，齋藤純一（2008）『政治と複数性：民主的な公共性にむけて』岩波書店等を参照。

19）同上齋藤純一『政治と複数性：民主的な公共性にむけて』p.150 参照.

20）宮地尚子（2010）『傷を愛せるか』pp.102-104，大月書店参照.

21）中村雄二郎（1969）『現代情念論:美と政治の間』勁草書房及び，吉本均（1983）『授業の構想力』明治図書出版等を参照。

22）前掲 5），p.29 参照.

23）高橋英児（2002）「現代社会にひらく授業をつくる」，久田敏彦・湯浅恭正・住野好久編『新しい授業づくりの物語を織る』pp.201-229，フォーラム・A 参照.

24）例えば，植田一夫（2016）「生き生きした学びが生まれる教室づくり」，竹内常一編集代表，子安潤・坂田和子編著『学びに取り組む教師』pp.146-164，高文研及び高橋智佳子（2016）「伝え合いながら学びの道筋をつくり出す」同 pp.165-189 ならびに中野譲（2017）『地域を生きる子どもと教師：「川の学び」がひらいた生き方と生活世界』高文研参照。

126 第Ⅱ部 教育のスタンダード化と教育方法学の課題

3 教育のスタンダード化と教師教育の課題

北海道教育大学 **姫野 完治**

❶ スタンダードに基づく教育改革の拡大

　教育における成果の数値化と標準化が，世界中で加速している。教育水準の向上を目指して共通のスタンダードを設け，それに基づく評価体制とアカウンタビリティ制度を構築することによって改革を進める手法が，教育改革のスタンダードになりつつある。

　スタンダードに基づく教育改革は，1983年に発刊された報告書『危機に立つ国家（Nation at Risk）』を契機にアメリカで進展した。1960年代から1970年代にかけて，教育における過度な多様化が進んだアメリカでは，学力や国際競争力の低下が深刻な問題となっていた。そこで，共通のスタンダードを設け，一貫した教育システムを構築することが目指されたのである。

　こうしたスタンダードに基づく教育改革が，現在は全世界に拡大してきている。その象徴的な存在が，2000年から実施されているPISA調査である。OECDが3年おきに実施しているPISAは，DeCeCoプロジェクトが，「人が生きるための根源的な力」として定義づけた「キー・コンピテンシー（①相互作用的に道具を用いる力，②自律的に活動する力，③異質な集団で交流する力）」のうち①に着目した学力調査である[1]。2000年の第1回調査では，OECD加盟国と非加盟国合わせて32か国の参加だったものが，2015年に行われた第6回調査では72か国・地域が参加するまでになり，回を重ねるにつれ，世界の教育に及ぼす影響力を強めている。

　その影響は，調査目的として掲げている「各国の子どもたちが将来生活していくうえで必要とされる知識や技能が，義務教育終了段階において，どの程度

身についているかを測定すること」に留まらない。「PISAショック（PISA-shock）」が共通用語として用いられ，またPISA調査で好成績を収めたフィンランドを世界中の教育関係者が訪れているように，PISAという一つの学力調査が，各国の教育の方向性を直接的・間接的に規定し始めている。

　日本においても，教育政策の転換にPISA調査が少なからず影響を与えている。2000年代前半に行われた第1回と第2回のPISA調査は，ゆとり教育に終止符を打ち，学力向上へと政策を転換する際の根拠となった。また，2007年度から日本国内で始まった全国学力・学習状況調査は，PISAの学力観を意識したものとなっている。次期学習指導要領の検討過程でアクティブ・ラーニングに注目が集まったのも，PISAが調査対象とするような汎用的な能力を育むうえで，アクティブ・ラーニングが寄与すると考えられたからである。PISA調査が始まって17年が経過し，PISAのスタンダードが日本における教育のスタンダードへと浸透しつつある。

　教育改善を進めていくうえで目指すべきスタンダードを設けることは，日本でも学習指導要領が定められているように，特段の問題があるわけではない。しかしながら，目前の子どもの実態から離れたスタンダード化や，画一的なマニュアル化が進むと，マニュアル通りに実施することが儀礼化したり，改革すること自体が目的化してしまうといった弊害をもたらす。そのため，このようなスタンダードとアカウンタビリティによる教育改革は，教育の質保証につながるという肯定的な見方がある一方で，カリキュラムの幅を狭めてしまう，必ずしも期待された効果を生んでいないなどの批判も多い（松尾，2010）。また，PISAを通してOECDが世界中の公教育システムを遠隔評価し，監視，競争させ，政策誘導する新自由主義的な構図が拡大されるといった問題点も指摘されている（鈴木，2016）。日本で実施されている全国学力・学習状況調査においても，静岡県知事が，2014年調査における成績上位校の校長名と各市町の平均正答率を公表したことをきっかけに，学力調査に基づいた教育改革の是非が議論になった。結果による序列化や競争が過熱すると，テストの点数を効率よくあげる実践が重視されるようになり，ひいては学校教育の本質や教師のあり方が歪

128 第Ⅱ部 教育のスタンダード化と教育方法学の課題

められてしまうことに懸念が示されたのである。

　近年，こうしたスタンダードによる教育改革が教師教育にも波及し始めている。日本においては，古くから「教師像」や「教師の資質能力」というように，専門職としての教師の基準が検討されてきた。しかしながら，教員養成スタンダードや教員育成指標といった新しい用語に置き換えられ，それが教員養成・採用・研修を一体的に改革する鍵になり始めている。

　本稿では，教師教育の改革動向を整理することを通して，教師教育のスタンダード化が日本でどのように進んでいるのかを概観するとともに，教師の学びの視点から，その課題について検討する。

❷　教育のスタンダード化と教師教育

（1）　日本における教師教育改革動向

　学校教育の成否は，教育を担う教師の資質能力に負うところが大きい。そのため，教師の養成・採用・研修のそれぞれにおいて，力のある教師を育み，確保するための取り組みが行われてきた。では，教師に求められる資質や能力とは何か。学校教育や教師教育のあり方を考える時，必ず議論されるのが教師の専門性や，専門職として不可欠な資質能力をどのように定義するかである。しかしながら，それを一概に明示できないところに，教師教育の難しさがある。

　教育を担う教師の教育活動やあり方は，社会における学校観，教育観，教師観によって規定され，時代や立場によって大きく異なる。本来であれば，目標となる教師像をはっきりとさせることにより，養成や研修の制度を確立することができる。しかし，教師に求められる資質や能力を問い始めると，教養か職業訓練かというゴールの見えない袋小路へと迷い込むことになる。そのため，これまでの教師教育では，教師に求められる資質能力は教育職員免許法（以下，教員免許法）にゆだね，その免許法の範囲内で養成・研修が行われてきた（姫野，2013）。

　教員養成においては，教科や教職に関係する科目を履修し，単位を習得する

ことにより，教師として「学習したこと」を証明する仕組みが構築されており，各大学や学部が自律性や創造性を発揮できる余地は小さく，どこの大学・学部の教職課程もほぼ同じ内容で構成されてきた。

現在も教員免許法に合わせて教職課程を構成することに変わりはないが，1990年代以降の大学改革，そして教員養成・採用・研修を一体的に改革する動きが加速する中で，教師教育も大きく変わり始めている。昨今の教師教育の動向をふまえるべく，教師教育に関連する最近20年間の変遷を表1に示す。

表1に多様な教育改革の動向を整理しているように，教師教育は様々な側面からの影響を受けて進められてきている。

一つめは，学校教育の側面である。学校は社会の必要に応じて生み出された特別な教育の場であり，社会や家庭から学校へ寄せられる要望によって，学校や教師の役割は変化する。情報化やグローバル化，学力の世界標準化を踏まえて学習指導要領が改訂されることにより，教師のあり方は少なからず影響を受ける。小学校英語の新設，道徳の教科化への対応は喫緊の課題である。

二つめは，高等教育の側面である。教員養成系大学・学部のみならず，国公私立大学全体の8割以上の高等教育機関で教職課程が設置されており，教員養成改革は高等教育改革と密接に関連している。学士課程の質を保証するためのポリシー（アドミッションポリシー，ディプロマポリシー，カリキュラムポリシー）の策定，大学の機能分化を明確にするためのミッションの再定義，高等教育の教育・研究水準の維持・向上のための認証評価などは，大学としてのあり方を規定するだけではなく，教員養成のあり方にも多大な影響を与えている。

そして三つめは，教師教育の側面である。専門職としての教師には，素人とは異なる専門的な知識や技術が求められる。省察的実践家としての教師像が重視されるのに伴い，教師の学びの捉え方も変化し，現職研修の体制が見直されてきている。また，教員環境の国際調査（TALIS調査）において，日本の教師の勤務時間が他国の教師よりも長く，授業外の業務も多い結果が示されたことを踏まえ，教師の職務内容や範囲の見直しが進められている。

このような多様な側面からの影響を受ける教師教育において，そのスタンダ

130　第Ⅱ部　教育のスタンダード化と教育方法学の課題

表1　日本における教師教育の改革動向

	教師教育・学校教育にかかわる動向	キーワード
1997 年	□教育職員養成審議会「新たな時代に向けた教員養成の改善方策について」（第1次答申）（7月）	具体的資質能力，教科又は教職に関する科目，選択履修の導入
1998 年	□書籍「成長する教師」発刊（5月）	リフレクション，教師学
	□教育職員免許法の改正	総合演習の新設，特別免許状
	□教員養成大学学部フレンドシップ事業	野外体験活動，地域連携
	□大学審議会「21世紀の大学像と今後の改革方針について」（答申）（10月）	大学の個性化，高度専門職業人養成に特化した大学院の設置
	□教育職員養成審議会「修士課程を積極的に活用した教員養成の在り方について」（第2次答申）（10月）	現職教員の再教育，修業年限の弾力化，在学しやすい環境整備
	□学習指導要領の告示（～1999年）（12月）	生きる力，総合的な学習の時間
1999 年	□閣議決定「国の行政組織等の減量，効率化等に関する基本的計画」（4月）	国立大学の独立行政法人化2003年までに結論を出す
	□書籍「The Teaching Gap」発刊（9月）	Lesson Study への世界的な注目
	□教育職員養成審議会「養成と採用・研修との連携の円滑化について」（第3次答申）（12月）	養成と採用・研修との連携の円滑化，大学教員の指導力の向上
2001 年	□遠山プラン「国立大学の構造改革の方針」（6月）	国立大再編，法人化，競争原理
	□国立の教員養成系大学・学部の在り方に関する懇談会「今後の国立の教員養成系大学・学部の在り方について（報告）（11月）	教員養成課程の在り方，大学・学部の再編・統合，附属学校園の見直し
	□第1回 PISA 調査の結果公表（12月）	数学：1位，読解力：8位
2002 年	□確かな学力の向上のための2002アピール（1月）	学びのすすめ，学力低下論対応
	□中央教育審議会「今後の教員免許制度の在り方について」（答申）（2月）	特別免許状
	□学習指導要領の実施（一部は2000年～）（4月）	完全学校週5日制
	□閣議決定「経済財政運営と構造改革に関する基本方針2002」（6月）	2004年4月をめどに国立大学を法人化することを決定
	□中央教育審議会「大学院における高度専門職業人養成について」（答申）（8月）	専門職大学院の課程，教員組織，学位
	□中央教育審議会「法科大学院の設置基準等について」（答申）（8月）	設置基準，実務家教員の割合，教育内容・方法
	□学校教育法の一部改正（11月成立，2003年4月施行）（認証評価のみ2004年4月施行）	専門職大学院の創設，認証評価制度の導入
2003 年	□放課後学習チューターの配置等に係る調査研究事業	学力向上及び学生の実践力向上
	□特色ある大学教育支援プログラムの公募（6月）	初めての GP（Good Practice）
	□国立大学法人化関係6法の成立（7月成立，10月施行）	国立大学法人法，独立行政法人
	□学習指導要領の一部改正（12月）	基準性，発展的な学習内容
2004 年	□日本教育大学協会「教員養成の『モデル・コア・カリキュラム』の検討」（2001年8月～2004年3月）（3月）	モデル・コア・カリキュラム，教員養成コア科目群
	□国立大学から国立大学法人へ（4月）	
	□第1期中期目標・中期計画開始（～2010年3月）（4月）	認証評価制度の導入
	□法科大学院の開設（4月）	68校で開始
	□学力向上支援事業	続・放課後学習チューター事業
2005 年	□中央教育審議会「我が国の高等教育の将来像（答申）」（1月）	政策誘導，機能別分化，質の保証
	□大学・大学院における教員養成推進プログラム（17GP）	ちゃぶ台，横浜スタンダード
2006 年	□資質の高い教員養成推進プログラム（18GP）	
	□中央教育審議会「今後の教員養成・免許制度の在り方について（答申）」（7月）	教職大学院の創設，教員免許更新制，教職実践演習（仮称）
	□学校教育法の一部改正（6月成立，2007年4月施行）	特別支援学校，教員免許状
2007 年	□教育職員免許法の改正（4月）	教員免許更新制（2009年4月～）
	□専門職大学院設置基準等の改正（4月）	教職大学院

3 教育のスタンダード化と教師教育の課題　131

2007年	□全国学力・学習状況調査（4月，10月結果公表）	B問題，秋田県と福井県に注目
	□専門職大学院等教育推進プログラム（19GP）	
2008年	□日本教育大学協会「学部教員養成教育の到達目標検討」プロジェクト報告書（3月）	<u>学部教員養成の到達目標の検討</u>
	□学習指導要領の告示（〜2009年）	授業時間増，小学校外国語
	□教職大学院の開設（19大学）（4月）	国立15校，私立4校
	□中央教育審議会「教育振興基本計画について—『教育立国』の実現に向けて—」（答申）（4月）	メリハリある教員給与体系，教職大学院と教育委員会の連携
	□専門職大学院等における高度専門職業人養成教育推進プログラム	教職については10件が採択
	□教育職員免許法の改正	<u>教職実践演習</u>（2010年4月〜）
2009年	□教職大学院の新規開設（5大学，計24）（4月）	山形大，静岡大，福岡大，聖徳大，帝京大
	□国立大学法人等の組織及び業務全般の見直しについて（6月）	中期計画終了時の組織見直し
2010年	□第2期中期目標・中期計画開始（〜2016年3月）（4月）	
	□教職大学院の新規設置（1大学，計25）（4月）	山梨大
	□教員養成評価機構の設立（4月）	教職大学院の認証評価
2011年	□学習指導要領の実施（中2012年，高2013年〜）（4月）	活用力（思考・判断・表現）の重視
2012年	□中央教育審議会答申「教職生活の全体を通じた教員の資質能力の総合的な向上方策について（答申）」（8月）	学び続ける教員像，教職生活全体の一体改革，一般・基礎免許状
2013年	□教育再生実行会議「これからの大学教育等の在り方について（第三次提言）」（5月）	グローバル化対応，大学のガバナンス改革
	□教員の資質能力向上に係る当面の改善方策の実施に向けた協力者会議「大学院段階の教員養成の改革と充実等に向けて」（10月）	教職大学院へ移行，特色あるカリキュラム，情報公表，グローバル化
	□国立大学改革プラン（11月）	ミッションの再定義
2014年	□TALIS第2回調査結果の公表（日本初参加）（6月）	長時間勤務，校内研修が盛ん
2015年	□教職大学院の新規開設（2大学，計27）（4月）	宇都宮大，大阪教育大
	□教育再生実行会議「これからの時代に求められる資質・能力と，それを培う教育，教師の在り方について（第七次提言）」（5月）	<u>育成指標</u>，インターン制度，教育委員会と教職大学院の連携，教員研修・支援のハブ機能の整備
	□中央教育審議会答申「これからの学校教育を担う教員の資質能力の向上について」（12月）	<u>教員育成協議会の設置，教員育成指標の策定</u>，履修証明制度
	□中央教育審議会答申「新しい時代の教育や地方創生の実現に向けた学校と地域の連携・協働の在り方と今後の推進方策について」（12月）	地域とともにある学校，子どもも大人も学び合い育ち合う教育体制，学校を核とした地域づくり
	□中央教育審議会答申「チームとしての学校の在り方と今後の改善方策について」（12月）	チームとしての学校，チーム体制，マネジメント機能，人材育成
2016年	□第3期中期目標・中期計画開始（〜2022年3月）（4月）	
	□教職大学院の新規開設（18大学，計45）（4月）	
	□中央教育審議会「幼稚園，小学校，中学校，高等学校及び特別支援学校の学習指導要領等の改善及び必要な方策等について（答申）」（12月）	社会に開かれた教育課程，主体的で対話的で深い学び，カリキュラム・マネジメント
2017年	□学習指導要領の告示（幼:2018年〜，小:2020年〜，中:2021年〜）	主体的で対話的で深い学び
	□学校教育法施行規則の一部改正（4月）	部活動指導員を制度化
	□教育公務員特例法の一部改正（4月）	指標の策定，教免法一部改正
	□（独）教職員支援機構の開設（4月）	教員研修センターの組織再編
	□教職大学院の新規開設（10大学，計55）（4月）	46都道府県設置済
	□教職課程コアカリキュラムに関する検討会「教職課程コアカリキュラム作成の背景と作成（案）」公示（11月）	一般目標，到達目標
	□国立教員養成系大学・学部，大学院，附属学校の改革に関する有識者会議（8月末）	教員養成大学・学部が現職研修を担う，附属学校の在り方

※ 教員育成指標や教員養成スタンダードにかかわるキーワードに下線を引いている

132　第Ⅱ部　教育のスタンダード化と教育方法学の課題

ード化が進行してきている。

（2）　教師教育におけるスタンダード化

①教員養成におけるスタンダード策定

　先述したように教師教育においては，求められる教師の資質能力をあえて明示せず，教員免許法の枠内で改革を進めてきた。しかしながら，1990年代の高等教育の市場化に伴い，教員養成へのまなざしは大きく変化した。とりわけ，2000年に設置された「国立の教員養成大学・学部の在り方に関する懇談会」が，教員養成系大学・学部の統廃合を示唆した報告書を2001年に公表し，教員養成を主たる目的とする国立教員養成系大学・学部は大きく揺さぶられた。さらに，2004年から国立大学が法人化され，翌2005年に「資質の高い教員を養成するための特色ある優れた教育プロジェクト（通称，教員養成GP）」が推進されたことにより，護送船団方式で行われてきた教員養成は一気に転換された。日本の教師教育において，スタンダードが本格的に議論されるようになったのは，2005年度の教員養成GPにおいて，横浜国立大学が申請した「横浜スタンダード開発による小学校教員養成」が採択されたことに端を発する。

　教師の資質能力等をスタンダード化する取り組みは，諸外国では1990年代から行われていた。とりわけ，教育のスタンダード化が進んだアメリカでは，教師の質保証にかかわって，教員養成段階の認証評価を行う全米教師教育機関資格認定協議会（NCATE），州を横断して新任教員基準を開発する州間新任教員評価支援協会（INTASC），そして現職教育段階の優秀教員認定を行う全米教職専門基準委員会（NBPTS）が，それぞれの目的に応じたスタンダードを構築している[2]。このような教師の資質能力スタンダードを定める動きは，他の先進国にも拡大し，2002年にイギリス，2004年にドイツが策定している。

　日本では，教員養成GPの一環で横浜国立大学が明示した後，上越教育大学や福島大学，兵庫教育大学などが開発・公表した。現在では，中央教育審議会答申（2006）が教職実践演習の新設・必修化と連動して「到達目標及び目標達成の確認指標例」を示し，また，高等教育改革の一環として三つのポリシーやカリキュラムマップの策定が求められたことを契機に，多くの大学・学部がス

タンダードを設けている[3]。それに加えて昨今は，教職課程そのものをスタンダード化する動きが加速している。2016年8月に文部科学省が設置した「教職課程コアカリキュラムに関する検討会」は，教職課程で共通に身につけるべき最低限の学修内容を検討し，各教職科目における一般目標や到達目標を明示化した「教職課程コアカリキュラム作成の背景と考え方（案）」を策定した。2017年5月に公示された同案をめぐって，スタンダード化の是非や今後の教員養成のあり方が検討されている（日本教師教育学会，2017）。

②教員養成・採用・研修の一体的なスタンダード化

　教員養成段階における教師の資質能力基準は定められつつあるが，それはあくまでも教員免許状を取得するうえでの指標であり，それが教員採用および採用後の研修等と関連づけられたものではなかった。それが2015年以降，教員養成・採用・研修の一体的なスタンダードを設ける動きが進んでいる。

　その発端となったのは，教育再生実行会議（2015）による「これからの時代に求められる資質・能力と，それを培う教育，教師の在り方について（第七次提言）」であり，そこで「育成指標」という文言が初めて用いられた。その後，中央教育審議会答申（2015）「これからの学校教育を担う教員の資質能力の向上について」によって具体化された。教員の養成・採用・研修の接続の強化，一体性の確保を目指し，教育委員会と大学等で構成される教員育成協議会（仮称）を各都道府県・政令指定都市に創設し，教員育成指標とそれに基づく教員研修計画を策定する新しい仕組みが提言された。

　2016年10月に閣議決定，同11月に教育公務員特例法の一部を改正する法律が交付されたことにより，教員育成協議会の創設と教員育成指標の策定が2017年4月1日から義務づけられた。教員育成指標については，すでに策定している都道府県，政令指定都市も多い。文部科学省による2016年度「総合的な教師力向上のための調査研究事業」では，6道県の教育委員会と大学が指標モデルを策定した。また中央教育審議会初等中等教育分科会教員育成部会（2017）では，七つの教員育成指標例が示されている[4]。

　このうち先進的な取り組みを進めている横浜市では，児童生徒指導（2項目），

134 第Ⅱ部 教育のスタンダード化と教育方法学の課題

インクルーシブ教育（2項目），授業力（6項目），マネジメント力（4項目），連携・協働力（2項目）からなる教職専門性と，教職の素養（5項目）の6領域，計21項目を，学び続ける教員としての資質・能力と定めている。また，着任時，教職の基盤を固める第1ステージ，リーダーとして推進力を発揮する第2ステージ，組織的な運営を行う第3ステージごとに，指標が定められている[5]。今後，全ての都道府県，政令指定都市に教員育成協議会が設置され，指標が策定されることになる。

❸ 「教師の学び」の視点からスタンダードを考える

　教師の資質能力の向上と質保証を目指して進められている教員養成スタンダードや教員育成指標の策定ではあるが，いくつかの課題も想定される。

　一つめは，教師という仕事の非専門職化である。教員育成指標やスタンダードの策定を推進する昨今の教師教育改革は，教師が専門職としての自律性を発揮できる領域を縮小し，職務を画一化・簡略化することを促進する。アメリカにおいては，短期間の集中講義で非正規教員免許を取得できる「ティーチ・フォー・アメリカ」が拡大し，最短5週間の受講で教壇に立つことを可能にしている。このような動向は，教職の高度化を目指して進められたはずの教育改革とは逆行する教師の非専門職化を促すものである。今津（2012）は，教師の資質能力を「A.勤務校での問題解決と，課題達成の技能」「B.教科指導・生徒指導の知識・技術」「C.学級・学校マネジメントの知識・技術」「D.子ども・保護者・同僚との対人関係力」「E.授業観・子ども観・教育観の錬磨」「F.教職自己成長に向けた探究心」の6層構造で示し，AからFに進むに従って外からの観察・評価が困難になると指摘している。教師の専門職たるゆえんは，EやFのような外からの観察・評価が難しい資質能力が基盤となるが，スタンダード化が進むことにより，表に現れる知識や技術のみが重視されることが懸念される。

　二つめは，教師の学びの受動化と儀礼化である。教員養成スタンダードや教員育成指標の策定は，それらが教師の目標として位置づき，点検と評価をふま

えて必要な授業や研修を受けることにより，教師の学びが促進されるといった考え方を前提としている。しかしながら，教職の必修科目として教職実践演習が導入された際，教員養成スタンダードによる自己評価が儀礼的に行われたり，佐久間（2013）が指摘するように，省察が強要されるといった課題が生じたことを鑑みると，スタンダード化に伴い教師の学びの管理・統制が拡大し，主体的な学びが制限されてしまう可能性がある。

　そして三つめは，教師の学びのパッケージ化，単位修得目的化である。教員養成・採用・研修を見渡す教員育成指標が策定されることにより，教員養成や現職研修の内容にも影響を及ぼすことが予想される。先行的に教員育成指標を策定した自治体は，すでに既存の研修を見直し，育成指標に応じた研修体系を示し始めている。加えて，独立行政法人教員研修センターが2017年4月から教職員支援機構へ名称を変更し，教員養成・採用・研修の一体的改革を推進する中核拠点と位置づけられた。そこでは，教職大学院や教育委員会との連携を強め，新しい形の単位認定方式が模索されている。人事上の配置や昇進，処遇への反映といったインセンティブと結びつくことにより，教師の学びが，パッケージ化された研修を受講し，単位を修得することに矮小化されてしまうきらいもある。

❹　今後の課題

　教師の仕事は，教員養成を礎として，多様な人生経験を積み重ねることによって，生涯にわたって続く終わりなき旅だといわれる。年代によって教職へ向かう姿勢も異なり，ただ一つの「順調な成長」のプロセスが存在し，誰もがそのようなプロセスをたどるというわけではない。教材を研究すること，講義や研修を受けること，子どもに寄り添って声に耳を傾けること，同僚と語ること，日ごろの実践を振り返り研究会や学会で発表すること，保護者とともに子どもや地域のことを語り合うこと等，様々な対話や自己研鑽が，教師の学びにとって非常に大きな意味をもつ。しかしながら昨今は，研修の義務化が進み，教師

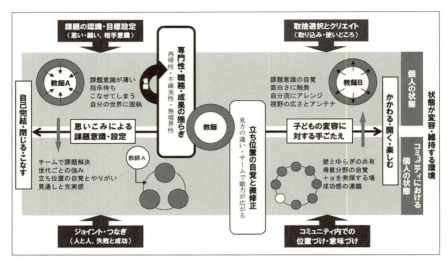

図1　教師の経験学習モデル（姫野ほか，2015）

の学びが狭い範囲に限定されつつある。教師集団による自律的な学びの機会であった校内研修さえも，PDCAサイクルモデルの一部に組み込まれ，学校の年間スケジュールの一つとして位置づけられる傾向がある。

　これまでの教師教育では，新しい能力が求められると，新しい授業科目を設けて補完しようとする加算的能力観により養成・研修カリキュラムを開発してきた。しかしながら，教師の学びは，このような能力観のみで捉えられるものではない。専門職としての教師の資質能力を「資本」という側面から捉えたHargreaves & Fullan（2012）は，人的資本，社会関係資本，意思決定資本の三つを提起し，とりわけ専門職のネットワークの中で学び合う社会関係資本の重要性を指摘している。姫野ほか（2015）は，「経験から学習する状態」という視点で教師の学習を捉えられることを示すとともに，現職教師のライフヒストリーを分析している（教師の経験学習モデルを図1に示す）。そこから，教師が経験から学習する状態になっているかどうかは，コミュニティ内の教師の立ち位置によって変動すること，教師の学習の状態を開くうえで，学校外のコ

3 教育のスタンダード化と教師教育の課題　137

ミュニティや勤務校の異動，自らの実践を対象化することが鍵になることを明
らかにしている。

　このような教師の学びに関する先行研究をふまえると，教師個人を対象とし
た，研修の受講によるインプットと捉えるだけでは，実際の教師の学びに対応
することは難しい。教員育成指標や教員養成スタンダードの策定においても，
教師や教師集団にとっての学習とは何か，どのような学習が教師の成長・発達
に寄与するのかといった，教師の学習研究の蓄積に基づいた検討が期待される。

＜注＞

1）Rychen.D.S. & Salganik.L.H.（2003）Key competencies for a successful life and a well-functioning society. Hogrefe and Huber Publishers. ドミニク・S. ライチェン・ローラ・H. サルガニク編著（2006）『キー・コンピテンシー：国際標準の学力をめざして』立田慶裕監訳，明石書店.

2）アメリカにおいては，教師の資質能力を保証する主な機関として，全米教師教育機関資格認定協議会（NCATE：National Council for Accreditation of Teacher Education），全米教職専門基準委員会（NBPTS：National Board for Professional Teaching Standards），州間新任教員評価支援協会（INTASC：Interstate New Teachers Assessment and Support Consortium）の三つがある。日本においても同様の仕組みを構築すべく，2010 年に教員養成評価機構が設置された。また，2017 年からは，「教員研修センター」を「教職員支援機構」へと組織再編し，教員養成・採用・研修に関する中核拠点として位置づけた。

3）文部科学省初等中等教育局（2015）による調査では，教職課程を持つ大学のうち 90% が，スタンダードを示すことについて，有効あるいはどちらかというと有効と回答しているものの，実際にスタンダードを策定しているのは 44% に留まっている。
文部科学省初等中等教育局（2015）「教員の資質能力の向上に関する調査の結果」<http://www.mext.go.jp/b_menu/shingi/chukyo/chukyo3/002/siryo/__icsFiles/afieldfile/2015/07/10/1359470_03_1.pdf >2017 年 4 月 28 日参照.

4）中央教育審議会初等中等教育分科会教員育成部会（2017）「資料 3-3 教員育成指標の例」<http://www.mext.go.jp/b_menu/shingi/chukyo/chukyo3/002/siryo/__icsFiles/afieldfile/2017/01/20/1381365_04.pdf> 2017 年 4 月 28 日参照.

5）横浜市教育委員会（2017）「教員のキャリアステージにおける人材育成指標」<http://www.edu.city.yokohama.jp/tr/ky/k-center/shihyou-1.pdf>2017 年 4 月 28 日参照.

138 第Ⅱ部 教育のスタンダード化と教育方法学の課題

＜引用・参考文献＞

- 浅田匡・生田孝至・藤岡完治編著（1998）『成長する教師：教師学への誘い』金子書房.
- 別惣淳二（2013）「教員養成の質保証に向けた教員養成スタンダードの導入の意義と課題：兵庫教育大学の事例をもとに」,『教育学研究,』80（4），pp.439-452，日本教育学会.
- Ravitch,D（2010）"The death and life of the great American school system", Basic Books. ダイアン・ラビッチ著（2015）『偉大なるアメリカ公立学校の死と生：テストと学校選択がいかに教育をだめにしてきたのか』本図愛美監訳，協同出版.
- 現代アメリカ教育研究会編著（1998）『カリキュラム開発をめざすアメリカの挑戦』教育開発研究所.
- Hargreaves.A & Fullan.M（2012）"Professional capital: Transforming teaching in every school", Routledge.
- 橋爪貞雄（1992）『2000年のアメリカ—教育戦略：その背景と批判』黎明書房.
- 姫野完治（2013）『学び続ける教師の養成：成長観の変容とライフヒストリー』大阪大学出版会.
- 姫野完治・益子典文（2015）「教師の経験学習を構成する要因のモデル化」,『日本教育工学会論文誌』39（3），pp.139-152, 日本教育工学会.
- 今津孝次郎（2012）『教師が育つ条件』岩波書店.
- 石井英真（2015）『現代アメリカにおける学力形成論の展開（増補版)』東信堂.
- 国立教育研究所編（2014）『教員環境の国際比較：OECD国際教員指導環境調査（TALIS）2013年調査結果報告書』明石書店.
- 松尾知明（2010）『アメリカの現代教育改革—スタンダードとアカウンタビリティの光と影』東信堂.
- 日本教師教育学会編（2017）『緊急出版　どうなる日本の教員養成』学文社.
- 佐久間亜紀（2013）「教員養成改革の動向—『教職実践演習』の意義と課題—」,日本教育方法学会編,『教師の専門的力量と教育実践の課題』pp.111-124，図書文化社.
- Schön,D.（1984）"The Reflective Practitioner: How Professionals Think in Action", Basic Books. ドナルド・A.ショーン（2007）『省察的実践とは何か：プロフェッショナルの行為と思考』柳沢昌一・三輪建二監訳，鳳書房.
- 鈴木大裕（2016）『崩壊するアメリカの公教育—日本への警告—』岩波書店.
- Stigler,J. & Hiebert,J.（1999）"The Teaching Gap: Best Ideas from the World's Teachers for Improving in the Classroom", Free Press. ジェームズ・W.スティグラー・ジェームズ・ヒーバート（2002）『日本の算数数学教育に学べ：米国が注目するjugyou kenkyuu』湊三郎訳，教育出版.
- Wendy.K.（2011）"A Chance to make history: What works and what doesn't in providing excellent education for all", Public Affairs. ウェンディ・コップ（2012）『世界を変える教室：ティーチ・フォー・アメリカの革命』松本裕訳，英治出版.

教育方法学の研究動向

1 「エビデンスに基づく教育」に関する研究の動向

2 多様な文化的背景の子どもたちに対する
   教育に関する研究の動向と今後の課題

140　第Ⅲ部　教育方法学の研究動向

1　「エビデンスに基づく教育」に関する研究の動向

東京大学　**藤江　康彦**

❶　「エビデンスに基づく」教育とは

　教育研究と教育政策や教育実践との関係において「エビデンス」ということばが用いられるようになっている。その理由として岩崎（2012a）は，「教育への社会的投資に対する一般の人々への説明責任が生じていること，あるいは財政危機に直面する多くの先進諸国が競争的に財源を確保するため，資金を投入することを支持する根拠が求められていること」（同上, p.15）をあげている。新たに生じる政策課題へと対応したり政策を形成する際に，より合理的な選択肢を提示するには，エビデンスを伴う政策研究が求められる（岩崎，2012b，p.232）のであり，背後に「教育の政策と実践は質の高い研究から情報を与えられるべき」という考え方がある（Bridgeほか，2009/2013，邦訳p.3）。

　「エビデンスに基づく教育」について言及されるようになった時期やその契機は国によって異なる。日本においては，学力低下論争において実証的データのなさが問題視されたり（石井，2015，p.216），歳出改革をめぐる議論において学級規模や教職員定数の見直しが主題となり（小野，2015，p.241，鈴木，2016，p.121），義務教育における質保証システム（PDCAサイクル）の確立が提起される（石井，2015，p.216）など，教育目標と評価が経済学や経営学のことばで語られるようになった時期（同上, p.216）といわれる。

　このような動向に対して，教育方法学はどのように向き合えばよいのか。本稿では，「エビデンスに基づく教育」をめぐる議論について，「エビデンス」概念についての議論，教師の専門性についての議論，教育研究のあり方についての議論をとりあげて概観する。

❷ 「エビデンス」をめぐる議論

　エビデンスとは実証性を伴った科学的根拠を意味することばである（岩崎，2012, p.232）が，「エビデンスに基づく教育」といった際に指し示す内容は多様である（OECD/CERI, 2007/2009, 邦訳p.47）。例えば，OECDのレビューにおいては，次の四つがあげられている。すなわち，①とりわけPISA調査といった大規模な第一次調査，②定量的エビデンスを導くものであるが，調査従事者の専門知識や検討プロセスの水準で独自性が導き出される国別・主題別レビュー，③極めて柔軟な枠組みを必然的に採用する比較ケーススタディ研究，④規模や期待すべき点でレベルが多様の二次分析や統合的研究，などである（OECD/CERI, 2007/2009, 邦訳p.47）。さらには，一つあるいは少数の事例（Elliott and Lukeš, 2009/2013）やナラティブ（Griffiths and Macleod, 2009/2013）もエビデンスになりうると論じられている。「エビデンス」の指し示す事象が定まらない理由は，研究者と政策立案者や教員などの実践家との間に，研究成果に対する異なる考え方があるためであると考えられている（岩崎，2012b, p.240）。つまり，教育にかかわる人々が，それぞれの意向や構想活動を価値づけ，それらに正当性を付与できる可視化された側面を「エビデンス」と名づけているのである。「エビデンス」は実践や政策の正当性が主張されたり説明されたりする文脈において実在化しており，その文脈から離れては存在しない。その意味で「エビデンス」は「認知的実在物（cognitive realia）」（茂呂・有元, 1996; 有元, 1998）であるといえる。認知的実在物としての「エビデンス」はそれゆえ，そのことばが用いられる文脈，用いる目的に応じて多様に措定されうるのである。

　例えば，小野（2015）は，教育政策にかかわる各アクターの審議会資料等における「エビデンス」という語の使用のされ方を分析し，当初は教育政策の批判的検証の意味で用いられていた「エビデンス」という語が，政策形成に力をおよぼすアクターによって次第に語義変化を起こしていることを明らかにした。「政策課題は『エビデンス』として利用可能な研究の存否よりも先に存在し，

142 第Ⅲ部　教育方法学の研究動向

政策立案者は先入観や経験，実現したいと思う価値，将来の構想を持っている」（同上，p.242）ため，「『エビデンス』という言葉には，政策立案のための科学的根拠の働きが期待されながらも，教育政策に関わる各アクターの意図が込められうる」（同上，p.242）。すなわち，「エビデンス」は政策形成に影響力のあるアクターがあらかじめ設定した達成すべき「条件」の意味となっていくのである。そして，アクターの意向により切り取られた「結果」が「エビデンス」とされ，これを踏まえるべきと政策に条件づけをし，当該アクターの意向を反映させようとする政治性が観察されたという（小野，2015）。

　「エビデンス」の政治性については，今井（2015）も指摘している。今井（2015）は，OECDの教育インジケーター事業を例としてあげながら「エビデンスは，それがエビデンスであることによってではなく，エビデンスと呼ばれることによって威力を発揮している。エビデンスは，それが持つ正味の証拠能力のみを当てにする限りは，無力であり，政策動向に翻弄される」（同上，p.191）ものであると指摘する。ある特定の因果関係を浮き彫りにしようとするエビデンス産出の手続きにおいては「〈なぜ・どうしてそうなるのか〉への問いが最初から放棄されて」（同上，p.190）おり，「浮かび上がる複数のルートのどれに着目することが望ましいのかを説得する論拠は，産出されたエビデンスのなかには存在しない」（同上，p.190）ために「何を政策として取り上げるかは政治的な決定の恣意に委ねられる他ない」（同上，p.190）。それゆえ，「何がエビデンスであるかを政策の側が名指すことで，研究資金の配分を方向づけ教育研究のあり方を変えるような威力を発揮する」（同上，p.191）し，「ひとたび政策の側にエビデンスとして受容されれば，たとえ専門的なエビデンスの規準を満たしていなくても，教育政策をグローバルに方向づけるような威力を発揮する」（同上，p.191）のである。今井はこのように述べ，エビデンスの「政治的・レトリック的効果」（同上，p.191）を指摘する。

　このように，「エビデンス」概念を相対化し，その言説としての側面を批判的にとらえていくことは教育学研究の役割の一つであろう。一方で，教育実践研究が本来的な意味での脱イデオロギー化を志向しつつ，教師が実践上の判断

における見通しをもてるような知識や事例の提供をすることは教育方法学研究が志向すべきことである。「エビデンス」という観点から教育方法学研究のあり方をとらえ直す必要はあるだろう。

❸ 教師の専門性に関する議論

「エビデンスに基づく教育」をめぐっては，教師の専門性についても議論されている。1996年イギリスにおけるハーグリーブズ（Hargreaves, D. H.）による教員養成研修局での講演「研究に基づく専門職：可能性と期待」（Hargreaves, 1996/2007）がその契機であるといわれている（惣脇, 2012など）。教育実践や政策に活用されうる教育研究の必要性を強く主張したハーグリーブズは，教育における知識の特徴について医療におけるそれとの比較を行い下記のことを指摘している。すなわち，問題を抱えている子どもに教師が接する場合，「その子どもの学習ニーズは何か，何がそれに影響するのか，どのような対応がこの問題を消去させたり軽減させたりするのかを説明する」ための「共通の専門用語が欠落している」（岩崎, 2012b, p.238）こと，子どもの問題への対処の根拠が直感的，独創的であり，「教育での診断システムにおける専門用語が欠落している」（同上, p.239）こと，そして「教員の知識ベースは経験に依存し，それが個人内に留まり普遍的知識として普及・共有し難い」（同上, p.239）ことなどである。

こういった見解に対しては，研究と実践との関係を道具主義的モデルで捉えているという批判（Hammersley, 1997a/2007a, 1997b/2007b），教師の判断を研究の中心に据えるモデルの提唱（Elliott, 2001/2007）などがなされた。これらの批判に対してハーグリーブズは「研究に基づく専門職」においては，研究の知見を実践に機械的に適用するのではなく，状況に応じた実践的判断が重要であることも述べている（石井, 2015, p.218）。とはいえ，ハーグリーブズの教師の知識についての主張の基底には医学のモデルがあり，教師は個人の好みや経験によってのみ自らの実践を構築しているとハーグリーブズは指摘するのである

144 第Ⅲ部 教育方法学の研究動向

（Hargreaves, 1996/2007）。

　ここで，なぜ教師と医師とが対比されているのか。そのこと自体を問うことは重要であろう。

　教師の学習や知識のあり方に関する研究（例えば，Schön, 1983; Shulman, 1997/2004; Darling-Hammondら, 2005; 秋田, 2008）からは，教師は常に不安定な状況と対話をしながら，具体的な文脈における事例から個人の信念や経験を基盤に学び，同僚との対話を通して協働的に公共的な知を構成していくことが明らかになっている。教師は単に研究知見の受容者ではなく，自ら知識を創出し知識基盤を更新していくという教師像を描くこともできよう。いずれにしても教師としての知のありようの特徴を析出することに先立ち，なんらかの教師像が指定されているのである。

　ハーグリーブズの論に批判的な主張を向けるビースタ（Biesta, G.）は，「エビデンスに基づく教育」が前提としている専門職的行為について以下の二つを指摘する。一つには，「専門職行為とは効果的介入である」という見方である。ビースタは，「エビデンスに基づいた実践の中心にあるのは効果的介入という概念」（Biesta, 2010/2016, 邦訳p.53）であると指摘する。すなわち，実践を専門職的行為の介入とみなし，介入の効果性についてのエビデンス，つまり「何がうまくいくか」の提供を研究に求めるのである。効果的介入としての専門職的行為という考えは，エビデンスに基づく実践が，特定の効果を引き起こすために専門家が何かをおこなう，という「専門職的行為の因果律モデルに依存している」（同上，p.54）。そこでは介入と効果との間には確実な関係性があることが前提とされ，介入プロセスの質には言及しているが，「何のために効果的か？」については問うていない（同上, p.54）。

　二つには，「エビデンスに基づいた実践は，専門職的行為の手段と目的の分離に依拠している」（同上, p.54）ということである。教育は，「象徴的なもしくは象徴的に媒介された相互作用のプロセス」（同上, p.55）であり，教えることが学ぶことに対して何らかの影響を及ぼしているとすれば，それは，教えられているものを生徒が解釈し，理解しようとする事実ゆえなのである。それに

対して「エビデンスに基づく教育」に含意されている専門職的行為は，「手段と目的の間に明らかな区別があり，目的は所与のものであり，求められるべき唯一の重要な（専門的かつ研究的な）問いはこれらの目的を達成するために最も効果的で効率的な方法」（同上, p.56）であると仮定されている，工学的なプロセスなのである。

　以上よりビースタは，「教育に必要とされているのは，教育的な相互作用の非因果論的な性質と，教育の手段と目的は外的というよりむしろ内的に関係しているのだという事実を認めることができる専門職的な行為のモデルである。言い換えれば，必要なのは，教育とは工学的もしくは技術的な実践というよりもむしろ道徳的な実践であるという事実の認識である」（同上, p.58）と主張する。この主張は正当ではあるが，ことはそれほど単純ではない。我が国の教育実践研究においても，指導「技術」，教授「技術」を抽出してその合理的適用をもって教育実践を定位しようとする志向はみられた。そこで用いられる「技術」には，教育的望ましさが付与されているがゆえに正当化されやすい。とりわけ，教育実践が不安定な状況との対話を続ける営みであるがゆえに，型としての技術の適用が実践を創出するための足がかりにもなりやすい。教育方法学研究の原理的視点は「教育における『目標―内容―方法』」の連関である（深澤, 2014）。また教育方法学の歴史においては「技術主義」への批判とともに技術についての本質的研究も重視されてきた（梅原, 2014）。教育方法に踏み込んだ学習指導要領が誕生しようとしている今日において，近年の教師の専門性についての研究知見を基盤とした「方法」，「技術」の原理的検討と今日的意義の検討が求められているのではないだろうか。

❹　教育研究のあり方についての議論

　先述したハーグリーブズによる講演（Hargreaves, 1996/2007）において，教師が医師と異なり「研究に基づく専門職」でないのは教育研究が積み重ねに欠けていることや研究と実践との関係が薄いためであることなどが指摘された

146 第Ⅲ部 教育方法学の研究動向

（惣脇, 2012）。講演のなかでとりわけ強調されたのは，エビデンスを産出し，政策や実践に対して提供するという研究と実践や政策との関係である。

　岩崎（2012b）は，「エビデンス」という語が「エビデンスに基づいた説得力のある研究成果を政策に活用すべきとの関心や議論の高まり」（岩崎, 2012b, p.232）によって注目を浴びているとし，日本におけるエビデンスの産出，普及，活用にかかわる課題を考察している。岩崎はストークス（Stokes, D. E.）による科学技術研究の類型化（Stokes, 1997）において「パスツール型」とされる「活用に刺激された研究」，すなわち「教育政策や教育現場の実践に活用される研究」（同上, p.233）の需要の高まりを指摘する。そのうえで，活用に刺激された研究へのニーズの高まりは「知識社会の到来と社会的アカウンタビリティの意識の高まりによる」（同上, p.234）と考察する。とりわけ，研究に対して社会的アカウンタビリティが求められていることについては，教育政策や実践へのアカウンタビリティの要求という点，政策全般に対するアカウンタビリティの要求の影響を受け公的研究助成の条件として社会的有用性が問われるようになった点，を理由としてあげる（同上, p.236）。このような社会的政治的状況が「活用に刺激された研究」を後押ししているという。

　ここでの「活用」には多様なあり方が想定される。その多様性は研究領域ごとの知識の様式に応じて生成され，その知識の様式はその知識を享受する側の知のあり方による。教育方法学においては，教育方法学研究固有の知の様式と享受する側である教育実践にかかわる人々の知のあり方を踏まえて議論を進めるべきであろう。また，社会的有用性を決定するのは誰かについては注意が必要である。先述の「エビデンス」の政治性についての指摘が明らかにしたことと同様のことが社会的有用性についてもいえるであろう。

　さらに研究と政策との関係でいえば，ブリッジらが指摘するように，「政策は研究が現れるのを待っているわけではない」（Bridge, et.al., 2009/2013, 邦訳p.8）のであり，「すでに政策システムや政策立案者自身に組み込まれた，なんらかの「情報」が大量にある」（Bridge, et.al., 2009/2013, 邦訳p.8）。

　教育方法学研究においては，教育政策立案に活用される研究だけではなく，

教育政策の妥当性を批判的に検討する研究が行われるべきではないだろうか。その意味では、岩崎（2012b）が指摘するように「政策形成過程のどの段階にどのように関与するかを想定しておくことを含め、政策形成過程を熟知すること」（p.252）が必要であろう。

　教育研究と教育実践との関係について、ビースタ（Biesta, G.）は、教育研究と実践との関係や教育研究のあり方、とりわけ「（専門的な）行為における知識の役割についての十分な理解のためにどのような種類の認識論が適切であるのか」（Biesta, 2010/2016, 邦訳p.59）について、デューイ（Dewey, J.）の実践的認識論を参照しつつ論じている。デューイの認知理論の中心的概念は「経験」であり、それは生物とその環境との相互作用（transaction）を示している（同上, p.61）。ビースタが、デューイの認識についての相互作用理論を重視するのは「その理論が、行為のなかでの知識が演じる役割を理解するための枠組みを提供する」（同上, p.61）からである。

　ビースタによれば、デューイの実践的認識論に基づく「エビデンスに基づく教育」モデルへの代案は以下の二つである。すなわち、一つには、「エビデンス」は我々の行為のためのルールを提供するのではなく、知的な問題解決のための仮説を提供するのみだということである。研究を通して手に入る知識は、今何が役に立っているかということやこれから役に立つであろうことではなく、「過去に何が役に立ってきたか」についてである。つまり、研究によって創出される知識はどのような手続きを経たものであったとしても、過去に有効であったものでしかないということである。二つには、研究も専門職的行為も予め規定された目的をもたらすための最も効果的な手段に集中することはできないし、すべきではないということである。研究者と実践家は、目的についての探究、つまり何が望ましいのかについての体系的な探究を行うべきであるということである。このように主張したうえで、ビースタはドゥ・フリース（De Vries）を参照しつつ、次のように述べる。「教育研究のための重要な仕事が、教育的行為のさまざまな方法を発見し、吟味し、評価することにある一方で、研究が教育実践者に彼らの実践の異なった理解を獲得させる手助けをするとき、

148　第Ⅲ部　教育方法学の研究動向

すなわち，もし研究が実践者に彼らの実践を違うように見せたり想像させたりするのに役立つならば，研究はまた影響を与えることができる」（同上，p.69）。

　教育方法学は，教育実践を研究対象とし，よりよい実践の産出を志向するという「臨床」性を学問的固有性として有する。学問のあり方として追究する問いは次の二つである。一つには「教育」という事象とはなにかを，その「方法」や実践の構成やありように着目して追究する。もう一つには「教育方法」とはそもそも何か，用語自体を含めてなぜ必要とされるのか，という問いを追究する。いずれも特定の事例を対象としそこに固有な意味作用を取り出す質的研究法をとることで臨床性は保障されうる。しかし，現象のメカニズムや意味の説明に徹底する質的研究法が，改革的な教育方法を提案できるかは明確ではない。しかし，この固有性こそが教師に対して異なった実践理解のあり方を示し，政策に対する批判的検討を行う余地を教育方法学研究に与えているのであるともいえるだろう。教育実践は政策や制度に規定されている点でインターローカリティを有しているが，制度や政策はローカルな教育実践の文脈ではじめて当事者にとって意味をもち「実体化」される。そのような教育実践におけるローカリティとインターローカリティの関係を措定し，そのうえでローカルセオリーを描き出すという教育方法学研究のあり方こそが，「エビデンスに基づく教育」の時代において求められる教育研究のあり方なのではないだろうか。

＜引用・参考文献＞
・ 秋田喜代美（2008）「授業検討会談話と教師の学習」，秋田喜代美・キャサリン・ルイス編『教師の学習　授業の研究：レッスンスタディへのいざない』pp.114-131，明石書店.
・ 有元典文・茂呂雄二（1996）「復元という活動・活動の復元」，日本認知科学会『日本認知科学会「教育環境のデザイン」研究分科会研究報告』，3（2），pp.15-20.
・ 有元典文（1998）「知識の起源は『個人の頭の中』か『状況の中』か」丸野俊一編著『認知心理学における論争：シリーズ心理学のなかの論争 1』pp.83-100，ナカニシヤ出版.
・ Biesta, G.（2010）*Good education in an age of measurement: ethics, politics, democracy.* Boulder: Paradigm Publishers.（ガート・ビースタ（2016）『よい教育とはなにか：倫理・政治・民主主義』藤井啓之・玉木博章訳，白澤社）

1 「エビデンスに基づく教育」に関する研究の動向　149

- Bridges, D., Smeyers, P., & Smith, R.（2009）Educational research and the practical judgement of Policy-Makers. In D. Bridges, P. Smeyers, & R. Smith（eds.）. *Evidence-based education policy: what evidence? what basis? whose policy?*. Chichester: Wiley-Blackwell, pp.1-10.（D. ブリッジ , P. スメイヤー , R. スミス編著（2013）「教育研究と政策立案者の実際の判断」『エビデンスに基づく教育政策』柏植雅義・葉養正明・加治佐哲也編訳, pp.3-15, 勁草書房）
- Darling-Hammond, L. & Bransford, J.（eds.）（2005）*Preparing teachers for a changing world: what teachers should learn and be able to do.* San Francisco CA: Jossey-Bass.
- Elliott, J.,（2001/2007）Making evidence-based practice educational. In M. Hammersley（ed.）, *Educational research and evidence-based practice.* London: Sage Publications. pp.66-88.
- Elliott, J. & Lukeš, D.（2009）Epistemology as ethics in research and policy: the use of case studies. In D. Bridges, P. Smeyers, & R. Smith（eds.）. Evidence-based education policy: what evidence? what basis? whose policy?. Chichester: Wiley-Blackwell, pp.82-114.（エリオット , J., ラケス , D.,（2013）「研究と政策における倫理としての認識論：ケーススタディーの使用」肥後祥治訳, D. ブリッジ , P. スメイヤー , R. スミス編著（2013）『エビデンスに基づく教育政策』柏植雅義・葉養正明・加治佐哲也編訳, pp.113-159, 勁草書房）
- 深澤広明（2014）「教育方法学研究の対象と方法」, 日本教育方法学会編『教育方法学研究ハンドブック』pp.20-27, 学文社.
- Griffiths, M. & Macleod, G.（2009）Personal narratives and policy: never the twain? In D. Bridges, P. Smeyers, & R. Smith（eds.）. Evidence-based education policy :what evidence? what basis? whose policy? Chichester: Wiley-Blackwell, pp.115-137.（ブリッジ , D, スメイヤー , P. スミス , R.,（2013）「自伝と政策：これらは相容れないものなのか？」グリフィス , G. & マクラウド , G., 海津亜希子・玉木宗久訳, D. ブリッジ , P. スメイヤー , R. スミス編著（2013）『エビデンスに基づく教育政策』柏植雅義・葉養正明・加治佐哲也編訳, pp.161-193, 勁草書房）
- Hammersley, M.（1997a/2007a）Educational research and teaching: a response to David Hargreaves' TTA lecture. In M. Hammersley（ed.）, *Educational research and evidence-based practice.* London: Sage Publications. pp.18-42.
- Hammersley, M.（1997b/2007b）A reply to Hargreaves. In M. Hammersley（ed.）, *Educational research and evidence-based practice.* London: Sage Publications. pp.61-65.
- Hargreaves, D. H.（1996/2007）Teaching as a research-based profession: possibilities and prospects.（Teacher Treaning Agency annual lecture）In M. Hammersley（ed.）, *Educational research and evidence-based practice.* London: Sage Publications. pp.3-17.
- Hargreaves, D. H.（2000）The production, mediation and use of professional knowledge among teachers and doctors: a comparative analysis. In OECD/CERI（ed.）. *Knowledge*

management in the learning society. Paris: OECD.pp.219-238.（ハーグリーブズ，D. H.
（2012）「専門的知識にみる知識の生産，普及，活用：教師と医師の比較分析」，
OECD教育研究革新センター編著『知識の創造・普及・活用：学習社会のナレッジ・
マネジメント』立田慶裕監訳，pp.419-457，明石書店）

・ 今井康雄（2015）「教育にとってエビデンスとは何か：エビデンス批判をこえて」，『教
育学研究』，82，pp.188-201，日本教育学会.

・ 石井英真（2015）「教育実践の論理から『エビデンスに基づく教育』を問い直す：
教育の標準化・市場化の中で」，『教育学研究』，82，pp.216-228，日本教育学会.

・ 岩崎久美子（2012a）「概要」，国立教育政策研究所編『教育研究とエビデンス：国
際的動向と日本の現状と課題』pp.15-22，明石書店.

・ 岩崎久美子（2012b）「知識社会における教育研究エビデンスの課題」，国立教育
政策研究所編『教育研究とエビデンス：国際的動向と日本の現状と課題』pp.231-
259，明石書店.

・ OECD/CERI（2007）Evidence in education: linking research and policy. Paris: OECD.
（OECD教育研究革新センター編（2009）『教育とエビデンス：研究と政策の協同
に向けて』岩崎久美子・菊澤佐江子・藤江陽子・豊浩子訳，明石書店）

・ 小野方資（2015）「教育政策形成における『エビデンス』と政治」，『教育学研究』，
82，pp.241-252，日本教育学会.

・ Schön, D.A.（1983）*The reflective practitioner: how professionals think in action.* New
York: Basic Books.

・ Shulman, L.（1987）Knowledge and teaching: foundations of the new reform. *Harvard
Educational Review*, 57（1），pp.1-22.

・ Shulman, L,（2004）*The wisdom of practice: essays on teaching, learning, and learning to
teach.* San Francisco CA: Jossey-Bass.

・ 惣脇宏（2012）「英国におけるエビデンスに基づく教育政策の展開」，国立教育政
策研究所編『教育研究とエビデンス：国際的動向と日本の現状と課題』pp.25-49，
明石書店.

・ Stokes, D. E.（1997）*Pasteur's quadrant-basic science and technological innovation.*
Washington, DC: Brookings Institution Press.

・ 鈴木耕平（2016）「教育政策におけるエビデンスをめぐる動向：主に平成27年度
における教職員定数をめぐる議論について」，東京大学大学院教育学研究科学校開
発政策コース『東京大学大学院教育学研究科教育行政学論叢』36，pp.119-127.

・ 梅原利夫（2014）「教育方法学研究の固有性」，日本教育方法学会編『教育方法学
研究ハンドブック』pp.14-19，学文社.

2 多様な文化的背景の子どもたちに対する教育に関する研究の動向と今後の課題

武蔵大学 **金井 香里**

❶ はじめに

　昨今，日本の公立学校では多様な文化的背景の子どもたちが学ぶ姿を頻繁に見かけるようになった。ニューカマーと呼ばれる外国人の子どもたちは，その一例である。ニューカマーとは，1980年代以降，アジア，南米地域を中心とする諸外国より就労，留学等さまざまな事由や経緯のもと来日した外国人とその家族であり，在日コリアンといった旧植民地出身者を中心とする定住外国人（オールドカマーないしオールドタイマー）とは対比しこのように呼ばれている。ニューカマーの数は，とりわけ平成2（1990）年に出入国管理及び難民認定法が改正されたことを受け，日系南米人を中心に急増した。来日したニューカマーのうちには学齢期の子どもも少なくなく，以降，公立学校で学ぶニューカマーの子どもの数は増加している。文部科学省（以下，文科省）が隔年で実施している調査（平成28年度）によれば，日本の公立学校に在籍する「日本語指導が必要な外国人児童生徒」は34,335人（小学校22,156人，中学校8,792人，高等学校2,915人，中等教育学校52人，特別支援学校261人）であり，子どもたちの在籍する学校の数は7,020校（小学校4,384校，中学校2,114校，高等学校419校，中等教育学校1校，特別支援学校91校）に上る。母語別には，ポルトガル語25.6％，中国語23.9％，フィリピノ語18.3％，スペイン語10.5％で，この4言語を母語とする子どもが全体の8割を占める[1]。調査開始の平成3（1991）年9月時点での子どもの数が小学校3,978人（1,437校），中学校1,485人（536校）であった（太田，2000，p.15）のに対し，それより25年以上を経た現在，小学校ならびに中学校に在籍する子どもの数は実に約5.7倍，子ども

たちの在籍する学校の数はおよそ3.3倍となっている。さらにこの間，ニューカマーの両親のもと日本で生まれ育つ子ども，ニューカマーと日本人の両親をもついわゆる国際児も増え[2]，子どもたちの文化的背景の様相は一層多様化している。

　こうしたなか1990年代後半以降，ニューカマーの子どもに対する教育に関する研究は進められ，一定の成果が見受けられる。しかしここで留意したいのは，ニューカマーの子どもに対する教育に関する研究が一定程度蓄積されている一方で，子どもたちに対する教育の方法については実はこれまでのところまだ十分議論されているとは言い難いということである。ここでいう教育の方法に関する研究とは，教師が実践的な問題解決のために活用する知識や見識を扱うものを指している。佐藤学（2010）は教育の研究を，教育事象の科学的認識を扱う「教育現象の科学」（educational science）と，教育者の実践の判断や選択を支えている知識や見識を扱う狭義の「教育学」（pedagogy）という二つの領域においてとらえ，後者を教育の方法として認識している（p.6）。佐藤に従えば，これまで行われてきたニューカマーの子どもに対する教育の研究の多くは，「教育現象の科学」であり，教育の方法を扱う狭義の「教育学」ではなかった。もっとも，先行研究の中には，ニューカマーの子どもたちに対する教師の対応を事例に基づき検討し，そこから教師のオルタナティブな教育実践のあり方を示唆しようとするもの，ニューカマーの子どもを対象とする授業の方法について検討するものもある。しかし今後，ニューカマーの子どもたちに対する教育の方法についてもっと踏み込んで議論される必要がある。

　以上を踏まえて本稿では，これまでに蓄積されたニューカマーの子どもに対する教育の研究の動向について概観する。その上で，今後ニューカマーの子どもに対する教育の方法としてどのような観点から研究を進める必要があるかについて，米国における文化的マイノリティの子どもたちへの教育をめぐる議論を踏まえつつ検討し，提起したい。

❷ ニューカマーの子どもに対する教育に関する研究の動向

　ニューカマーの子どもたちに対する教育の方法についての今後の課題を検討するには，子どもたちに対する教育の現状について認識しておく必要がある。そこでここでは，子どもたちを受け入れる側である日本の学校や教師について扱った研究をとり上げることにしたい[3]。具体的には，日本の学校で子どもたちが経験している困難（学習困難や学校不適応等）を，日本の学校における言語（日本語，母語）教育のあり方，日本の学校文化，学校での教師の対応という観点から検討した研究をみていく。

（1）日本の学校における言語（日本語，母語）教育のあり方

　太田（2000，2002）は，日系南米人の集住する東海地方A市に位置する公立小学校と中学校でフィールドワークを行い，ニューカマーの子どもたちが学習困難に陥る背景の一つとして，「言語習得の誤解に基づく日本の学校の『対応構造』」（太田，2002，p.104）を指摘している。日本の学校では，初期段階では短期間の日本語教育を行い，その後は子どもの在籍する原学級で日本語による授業を受けさせ，そこで「自然に」日本語能力を習得することを期待する「サブマージョン（submersion）」方式をとっている。しかしながらこうした日本語指導では，子どもが授業で抽象的な思考をするのに必要な「学習思考言語」[4]は十分習得されず，学習困難に陥る可能性があるとする。

　太田（2002）にとって日本の学校における現行の日本語教育は，「補償的日本語教育」である。それは，子どもの母語の運用能力を基礎とした日本語教育ではなく子どもの母語を除去し母語を日本語に置き換えるという発想に基づく言語教育である（p.109）。太田は，現行の言語教育のもとでは子どもの母語や母語の運用能力に対して否定的価値しか付与されないことから，こうした価値付与のあり方が子どもの文化的アイデンティティならびに学習活動への取り組みに対して及ぼす負の影響を危惧している（p.111）。

　総じて太田（2000）は，日本の学校において子どもたちは「奪文化化（deculturalization）」を経験していると指摘する。日本の学校で子どもたちは国

154　第Ⅲ部　教育方法学の研究動向

民教育の枠組みの下で日本語教育と適応教育といった，日本的要素の付与が眼目となった教育を受けている。母語をはじめとする非日本的要素は無視され，時には抑圧されている（pp.223-224）という。

（2）日本の学校文化

あるいは，子どもが学校で経験している困難な状況は，日本の学校文化（学校の制度的構造や学校で支配的な価値体系ならびに行動規範等）という観点からも検討されている。恒吉（1996）は，神奈川県および東京都内の小学校で参与観察と教師を対象とするインタビューを行い，教室ではニューカマーの子どもの文化の差異が見えにくくなっていることを指摘した上で，このメカニズムを「一斉共同体主義」によって説明している。「皆が，同時に，同じことをするという一斉体制」のもとで「協調的共有体験」，「共感・相互依存・自発的な協調などの価値の共有」（p.231）が重視される教室での生活の中で，ニューカマーの子どもの差異はやがて日本の子どもと見分けがつかなくなっていく。

志水（2002）は，ニューカマーの子どもの文化の差異が見えにくくなることで，子どもが「社会的差異」（家庭の文化的背景や生育歴）ゆえに経験している低学力や学校不適応等の問題が，個人の問題として対処されることになると指摘する。個々の子どもの「社会的差異」に応じた教育的働きかけが十分になされないまま，子どもたちの「学校的差異」（成績，進路等）はつくり出されるのである（pp.87-88）。

（3）子どもたちに対する教師の対応のあり方

子どもが学校で経験している困難な状況は，子どもたちに対する教師の対応のあり方という観点からも検討されている。志水（2002）は，首都圏複数の小学校で長期にわたるフィールドワークを行い，ニューカマーの子どもが学校「不適応」に陥る要因を三つあげている。同化を強いる学校の風土，ソフト化を進める改革トレンドとともに志水が指摘するのは，日本の教師に特有の思考パターンである。志水によれば，教師は子どもの異質な文化的背景は極力排除し（「脱文脈化」），「われわれの学校」「私のクラス」に所属する同質的集団の一員として親密にかかわり（「同質化」），子どもにかかわる学習や生活にかか

わる問題を子ども本人の問題として対処する（「個人化」）傾向が強い（pp.72-80）という。

清水（2006）は，神奈川県の公立の小学校と中学校で行った長期間にわたるフィールドワークをもとに，インドシナ系ニューカマーの子どもたちに対する教師のかかわりを検討している。清水によると，日本の学校の「奪文化化」（太田，2000）機能のもとで，子どもの「エスニシティなるもの」の顕在性が「高」から「低」へと変化するのに合わせて，子どもに対する教師のかかわりは「手厚い支援」から「特別扱いしない」へと転換していた。この転換には，子どもが「やれている」という教師の認識が強くかかわり，しかも教師はきわめて良心的に「特別扱いしないことは，いいことだ」と認識していた（pp.119-120）という。

また，児島（2006）は，東海地方のある地域に位置する公立中学校でフィールドワークを行い，既存の学校文化を従来通り存続させようとする教師の日常の実践に着目し，教師が教師としての自らの立場を防衛し教室の秩序を維持するため，「差異の一元化」，「差異の固定化」という二つの戦略を採っていたことを指摘している。「差異の一元化」とは，日本の子どもたちが不平等感を抱かぬよう，文化的背景の差異にかかわりなく子どもたちを一様に「生徒」というカテゴリーに一元化する戦略である。一方，「差異の固定化」とは，ニューカマーの子どもの逸脱行為を「文化の違い」によるものとして許容する際，教師が自らの立場を正当化するために用いる戦略である。教師はそれぞれの戦略を状況に応じて用いることで，「教師」ないし「日本人」としての自らの立場を正当化していた（pp.114-128）という。

この一方で，金井（2012）は，神奈川県内二つの都市に位置する公立小学校2校での長期間にわたるフィールドワークと教師を対象とするインタビューをもとに，教師はニューカマーの子どもを学級に受け入れかかわり学びを支援しようとする中で，子どもをめぐる問題や課題をどのように認知し対処しているか，また解決を模索する中でどのように思考し対処しているかを分析している。

金井（2012）が明らかにしたのは，教師がニューカマーの子どもの文化的背

156 第Ⅲ部 教育方法学の研究動向

景を配慮しようとすることで経験しているさまざまな困難や葛藤である。教師
は子どもの学習状況や交友関係等に対して何らかの表象を付与し対処している。
しかし教師の表象のありようによっては子どもの文化の差異が不可視となり，
意図せずして子どもを差別したり，教室での学びから排除したり，同化を強い
るに至っていた。子どもに対して付与する表象によっては，子どもの逸脱行為
や学習の困難が知能や家庭の問題に還元されたり，逆に子どもの文化的アイデ
ンティティの揺らぎや喪失は考慮されにくくなるという事態も起きていた。ま
た，子どもの文化の差異を受容しながら子どもの学びを支援しようとした教師
は，それによって子どもや親の気持ちや思いを優先することになり，結果とし
て子どもの学びに意図せざる作用を及ぼし，子どもの学びの機会を逸するとい
う事態も起きていた。自らの経験する葛藤を解決しようと対処方略をとった場
合でも，教師は，その対処方略の採用によって新たに別の葛藤を経験するとい
う事態が起きていた。

❸ ニューカマーの子どもに対する授業の方法に関する研究の動向

ニューカマーの子どもに対する授業の方法に関する研究は，もっぱら日本語
教育を中心に行われてきた。佐藤郡衛（2010）によれば，2000年以降は，日
本語指導と教科指導を統合的にとらえ子どもの学習活動への参加を念頭に置い
た教育のあり方に関する研究が行われている（p.112）。この流れに位置づく研
究としては，日本語を母語としない子どもを対象とする社会科の授業デザイン
の方法を検討した南浦（2013）がある。南浦は，学習者の特性や学習環境に即
しつつ，ホスト社会である日本の文化理解と日本社会への参加をめざす「統合
的アプローチ」による社会科の授業デザインとその実践のあり方を探究してい
る。

日本語を母語としない子どもを対象に取り出し指導の形で行うこうした授業
の方法に関する研究は，それ自体，子どもたちにとって日本語が日々教室で授
業に参加したり仲間と関係を築いていく上で，さらには日本社会で生きていく

2 多様な文化的背景の子どもたちに対する教育に関する研究の動向と今後の課題　157

上で必要不可欠なことを考慮すれば，重要で意義深い。日本語や教科指導の方法についての研究は引き続き行われる必要がある。しかしこれとは別に，「一斉共同体主義」（恒吉，1996）志向が強く「奪文化化」（太田，2000）が機能している日本の学校で，子どもたちの学習困難や学校不適応といった問題に対峙し，子どもたちが子どもとしての権利を侵害されることなく学べるようにするための教育の方法については，今後どのような切り口で検討していったらよいだろうか。

　この問いに取り組むために，次節では米国で展開されている「文化的に適切な教育」（culturally relevant teaching; Ladson-Billings 1994/2009, culturally responsive teaching：Irvine, 2003；Gay, 2010）[5]に関する議論をとり上げることにしたい。むろん日本と米国は，学校教育その他にかかわる諸々の法律や制度，社会の人種構成の多様性の現状と将来の見通しといった社会情勢等において異なっており，ここで米国での議論をそのまま参照するには制約があることは否めない。しかしながら，今後日本で進めていくべき多様な文化的背景の子どもたちに対する教育実践の方法に関する研究の切り口を得る上では，示唆に富むものと考えられる。

❹　米国における文化的マイノリティの子どもたちへの教育をめぐる議論

　「文化的に適切な教育」とは，多様な文化的背景の子どもたちの多様な知識やこれまでの経験，認識枠組み，コミュニケーション様式を教室での授業で活用し，子どもたちにとって学習への参加が適切かつ効果的になるようにすること（Gay, 2010, p.31）を指す。ただし，ここで「子どもたちにとって学習への参加が適切かつ効果的になるようにすること」によって目指されるのは，ホスト社会への同化ではない。ラドソン＝ビリングズ（1994/2009）は，「文化的に適切な教育」の目的が，日々行われる教育の実践にマイノリティの子どもになじみ深い文化にかかわる要素をとり入れることで，子どもの文化の多様性に価値を与えつつ学校で支配的な文化のもつ否定的な作用を克服することであると

158　第Ⅲ部　教育方法学の研究動向

強調する。子どもたちは日々，学校で使用する教科書や教材で否定的な表象を付与されたり，一切表象されないという経験をしている。あるいは，教職員や習熟度別学級編成での各クラスの人種構成によって，さまざまな負の作用を経験している。こうした現状を踏まえ，子どもたちの文化的要素を教育資源として教育の実践にとり入れ，子どもの知識，技能，態度を形成し，子どもたちを知的，社会的，情緒的，政治的にエンパワーしようとするのである。ラドソン＝ビリングズにとって子どもの文化的要素は，ホスト社会の文化を説明したり，子どもがホスト社会の文化を獲得するために活用される道具ではなく，カリキュラムの一部分を構成している（pp.19-20）。

　一方，アーバイン（2003）は，教師が「文化的に適切な教育」の実践を組織するにあたっては，ショーマン（Lee Shulman）のいうペダゴジカル・コンテント・ナレッジ（pedagogical-content knowledge; 教育実践の過程で学習者に応じて使われる教材ならびに教育方法についての知識）が重要であると主張する。子どもは，自身と教育内容との間に関連性を見いだせなければ学ぶ意欲をもてず，学ぶことそれ自体を放棄することもありうる。その意味で子どもの学びにとって，教材についての教師の知識やその表象の仕方は重要な鍵となる。アーバインは，教師が「文化的に適切な教育」のカリキュラムを組織するにあたって考慮すべき観点として，①包括性（inclusiveness），②オルタナティブな視点（alternative perspectives），③共通の理想（common ideals），④子どもによる例の構築（student-constructed examples）の四つを掲げている。それぞれの内容は以下の通りである。

① 包括性：教育内容に子どもの文化的背景にかかわるデータ，歴史，文学，音楽，芸術作品等をとり入れる。
② オルタナティブな視点：教師が知識内容を提示する際に重要である。多様なものの見方をとり上げ，子どもたちに対して論争になっている問題について話し合ったり，分析したり，他者への寛容を経験するよう促す。
③ 共通の理想：正義（justice），公正（equity），民主主義（democracy）等，子

2　多様な文化的背景の子どもたちに対する教育に関する研究の動向と今後の課題　159

どもたちが共有すべき理想を指す。教師が知識内容を扱うにあたって強調
する。
④ 子どもによる例の構築：知識内容には多様な表象のしかたがあるという視
点を重視し，扱う知識内容を子どもの文化的背景や経験に関連づけるとと
もに，子どもと教師がともに構築する。そうすることで，子どもの学びは
より深まり，一層意味のあるものとなる（p.77）。

　さらにアーバイン（2003）は，教師が個々の子どもとの間に個人的なつながり
を築き，教室を「ケアリングと学びの共同体」（caring learning community）にす
ることを主張する。協働学習，クラス全体での討議，プロジェクト学習といっ
た子どもが中心となって能動的に取り組める活動を組織し，教室をケアしケア
される学習環境へと整備するとともに，子どもの保護者や地域との関係のあり
方にも配慮していく（pp.75-76）。また，人種差別（racism），性差別（sexism），
階級差別（classism）等，さまざまな差別の問題に対峙することの重要性も指
摘する。教師のうちには，自らがマジョリティゆえに保持するさまざまな特権
や学校組織に内在する差別を意識せず，マイノリティの子どもの学業不振を子
ども本人や家庭，地域の問題として扱う者も少なくないことから，この観点は
重要である（p.78）と強調する。

❺　ニューカマーの子どもに対する教育の方法をめぐる今後の課題

　日本において今後進めていくべき教育の方法に関する研究には，これまでみ
てきた「文化的に適切な教育」の発想をとり入れた教育実践のデザインについ
ての検討があげられる。教室での授業や学校での教育活動において子どもたち
の文化の多様性をどのように教育資源として活用し，知識内容と活動内容を組
織するかについて検討するのである。すでにみたように，これまでニューカマ
ーの子どもたちに対する教育は，初期日本語指導や適応指導といった日本の学
校生活への適応のための教育がその中心を占め，対象は該当する子どもたちに

160　第Ⅲ部　教育方法学の研究動向

限定されていた。そこでは，子どもがその文化的背景ゆえに持ちえた知識やそれまでの経験はあまり触れられず，教育資源として活用されることもなかった。一方，「文化的に適切な教育」で対象となるのは，教室もしくは学校の子どもたち全体であり，ニューカマーの子どもの知識や経験は，教室や学校で教師と子どもたちによって体験されるカリキュラムの一部分として位置づけられることになる。

　実は，ニューカマーの子どもの多様な知識や経験を教育資源として生かす教育は近年，国際理解や多文化共生をめざす教育として試みられ始め，僅少ながらその実践が報告ないし紹介されている（例えば，清水・児島，2006[6]；佐藤郡衛，2010[7]）。今後は，こうした実践を総合的な学習の時間をはじめ，教科（社会，国語，外国語，美術，音楽等）や特別活動の領域で行う可能性を探るとともに，現実の教育の営みにおいて教師によって活用されるペダゴジカル・コンテント・ナレッジについて詳細な検討を行い，事例研究を蓄積することを通じて教育の方法についての理論を構築していく必要がある。

＜注＞

1) 「日本語指導が必要な児童生徒の受入状況等に関する調査（平成 28 年度）」（文部科学省 2017）による。ただし，本調査の数値は「日本語指導が必要」と認知された子どもの数であり，ニューカマーの子どもの数の一部にすぎない。

2) 両親のいずれかが日本国籍保有者である国際児は，日本国籍または重国籍を有する。前掲の文科省による統計では，日本国籍を有する国際児や帰国児童生徒（親の海外転勤等で 1 年以上海外に在留した日本国籍の子ども）の増加という状況に鑑み，日本語指導の必要な日本国籍の子どもの在籍状況に関する調査も行うようになった。

3) ニューカマーの子どもに関する研究には本稿でとり上げるもののほか，子どものアイデンティティ（例えば，関口 2003，森田 2007，趙 2010，三浦 2015 等），家族の保有する文化資本（宮島 2002）や家族の教育戦略（志水・清水 2001），不就学の問題（宮島・太田 2005，佐久間 2006），進路形成（鍛治 2007）等を扱ったものがある。

4) 太田（2002）はカナダのバイリンガル教育の研究者ジム・カミンズを援用したうえで，言語を「社会生活言語」「学習思考言語」の二つの側面でとらえている。言語の意味内容を理解する手がかりとなる非言語要素（身体の動き，顔の表情等）

の多く伴った文脈で日常的に半ば自動的に使用される「社会生活言語」とは異なり，「学習思考言語」は，言語それ自体のほかには言語の意味内容を理解する手がかりとなる非言語要素のない（または少ない）文脈で用いられ，その習得には「社会生活言語」に比べ長い時間を要し，本人の相応の努力と教師等による意図的で積極的な支援が必要であるとする（pp.100-104）。

5）研究者間で英語の表現が異なっているものの，ここでの日本語訳は統一して「文化的に適切な教育」を用いる。これらは，学校や社会における既存の権力構造に着目した上で，人種的・民族的マイノリティの子どもの文化にかかわる要素を教室での実践にとり入れ，学校での授業，授業で扱う知識内容や教材，評価のあり方を問い直そうとしている点で，共通する部分が大きいからである。

6）清水・児島（2006）は，神奈川県の公立中学校で教師，地域のボランティア，研究者が協働で行った選択科目での国際理解教育の実践を報告している。

7）佐藤郡衛（2010）は，多文化共生のための教育実践として東京都新宿区大久保小学校や，神奈川県川崎市の公立小学校のある教師による取り組みを紹介している。

＜参考文献＞

・太田晴雄（2000）『ニューカマーの子どもと日本の学校』国際書院．

・太田晴雄（2002）「教育達成における日本語と母語」宮島喬，加納弘勝編『変容する日本社会と文化』pp.93-118，東京大学出版会．

・鍛治致（2007）「中国出身生徒の進路規定要因：大阪の中国帰国生徒を中心に」『教育社会学研究』第 80 集，pp.331-349，東洋館出版社．

・金井香里（2012）『ニューカマーの子どものいる教室：教師の認知と思考』勁草書房．

・児島明（2005）『ニューカマーの子どもと学校文化：日系ブラジル人生徒の教育エスノグラフィー』勁草書房．

・趙衛国（2010）『中国系ニューカマー高校生の異文化適応：文化的アイデンティティ形成との関連から』御茶の水書房．

・佐久間孝正（2006）『外国人の子どもの不就学：異文化に開かれた教育とは』勁草書房．

・佐藤郡衛（2010）『異文化間教育：文化間移動と子どもの教育』明石書店．

・佐藤学（2010）『教育の方法』左右社．

・関口知子（2003）『在日日系ブラジル人の子どもたち：異文化間に育つ子どものアイデンティティ形成』明石書店．

・志水宏吉・清水睦美編著（2001）『ニューカマーと教育：学校文化とエスニシティの葛藤をめぐって』明石書店．

・志水宏吉（2002）「学校世界の多文化化―日本の学校はどう変わるか」，宮島喬・加納弘勝編『変容する日本社会と文化』pp.69-92，東京大学出版会．

- 清水睦美（2006）『ニューカマーの子どもたち：学校と家族の間の日常世界』勁草書房.
- 清水睦美・児島明編著（2006）『外国人生徒のためのカリキュラム：学校文化の変革の可能性を探る』嵯峨野書院.
- 三浦綾希子（2015）『ニューカマーの子どもと移民コミュニティ：第二世代のエスニックアイデンティティ』勁草書房.
- 南浦涼介（2013）『外国人児童生徒のための社会科教育：文化と文化の間を能動的に生きる子どもを授業で育てるために』明石書店.
- 宮島喬（2002）「就学とその挫折における文化資本と動機づけの問題」，宮島喬・加納弘勝編『変容する日本社会と文化』pp.119-144，東京大学出版会.
- 宮島喬・太田晴雄編（2005）『外国人の子どもと日本の教育：不就学問題と多文化共生の課題』東京大学出版会.
- 森田京子（2007）『子どもたちのアイデンティティー・ポリティックス：ブラジル人のいる小学校のエスノグラフィー』新曜社.
- 文部科学省（2017）「『日本語指導が必要な児童生徒の受入状況等に関する調査（平成28年度）』の結果について」，<http://www.mext.go.jp/b_menu/houdou/29/06/__icsFiles/afieldfile/2017/06/21/1386753.pdf> 2017年6月13日取得.
- Gay, G.（2010），*Culturally Responsive Teaching: Theory, Research, and Practice,* New York: Teachers College Press.
- Irvine, J.J.（2003），*Educating Teachers for Diversity: Seeing with a Cultural Eye,* New York: Teachers College Press.
- Ladson-Billings, G.（1994/2009），*The Dream Keepers: Successful Teachers of African American Children,* San Francisco: Jossey-Bass.

日本教育方法学会会則

第1章　　　総　　則

第1条　本会は日本教育方法学会という。

第2条　本会は教育方法（教育内容を含む）全般にわたる研究の発達と普及をはかり，相互の連絡と協力を促進することを目的とする。

第3条　本会に事務局をおく。事務局は理事会の承認を得て，代表理事が定める。

第2章　　　事　　業

第4条　本会は第2条の目的を達成するために，下記の事業を行う。

　　　　1．研究集会の開催

　　　　2．機関誌および会報の発行

　　　　3．研究成果，研究資料，文献目録，その他の刊行

　　　　4．他の研究団体との連絡提携

　　　　5．その他本会の目的を達成するために必要な事業

第3章　　　会　　員

第5条　本会の会員は本会の目的に賛同し，教育方法（教育内容を含む）の研究に関心をもつものによって組織する。

第6条　会員は研究集会に参加し，機関誌その他の刊行物においてその研究を発表することができる。

第7条　本会の会員となるには，会員の推せんにより入会金2,000円を添えて申し込むものとする。会員は退会届を提出して退会することができる。

164

第8条　会員は会費年額8,000円（学生会員は6,000円）を納入しなければならない。過去3年間にわたって（当該年度を含む）会費の納入を怠ったばあいは，会員としての資格を失う。

第4章　　　　組織および運営

第9条　本会には以下の役員をおく。

代 表 理 事　　1　名

理　　　　事　若干名（うち常任理事　若干名）

事 務 局 長　　1　名

事 務 局 幹 事　若干名

監　　　　査　　2　名

第10条　代表理事の選出は理事の互選による。理事は会員のうちから選出し，理事会を構成する。常任理事は理事の互選により決定し，常任理事会を組織する。事務局長は理事会の承認を得て代表理事が委嘱する。事務局幹事は代表理事の承認を得て事務局長が委嘱する。監査は総会において選出する。

第11条　代表理事は本会を代表し，諸会議を招集する。代表理事に事故あるときは，常任理事のうちの1名がこれに代わる。理事会は本会運営上の重要事項について審議し，常任理事会は会の運営，会務の処理にあたる。事務局は事務局長および事務局幹事で構成する。事務局は庶務および会計を分掌し，代表理事がこれを統括する。監査は本会の会計を監査する。

第12条　各役員の任期は3年とする。ただし再任を妨げない。

第13条　総会は本会の事業および運営に関する重要事項を審議し，決定する最高の決議機関である。総会は毎年1回これを開く。

第14条　本会に顧問をおくことができる。顧問は総会において推挙する。

第15条　本会は理事会の議を経て各大学・学校・研究機関・地域などを単位として支部をおくことができる。支部は世話人1名をおき，本会との連絡，支部の会務処理にあたる。

第5章　　　会　　計

第16条　本会の経費は会費・入会金・寄付金その他の収入をもってこれにあてる。

第17条　本会の会計年度は毎年4月1日に始まり，翌年3月31日に終わる。

付　　則

1．本会の会則の改正は総会の決議による。

2．本会則は昭和39年8月20日より有効である。

3．昭和40年8月23日一部改正（第3条・第8条）

4．昭和48年4月1日一部改正（第8条）

5．昭和50年4月1日一部改正（第8条）

6．昭和51年4月1日一部改正（第7条・第8条）

7．昭和54年4月1日一部改正（第12条）

8．昭和59年10月6日一部改正（第3条・第10条）

9．昭和60年10月11日一部改正（第8条）

10．昭和63年9月30日一部改正（第8条）

11．1991年10月6日一部改正（第7条）

12．1994年10月23日一部改正（第8条）

13．1998年10月3日一部改正（第8条）

14．2004年10月9日一部改正（第9条・第10条・第11条）

日本教育方法学会　理事名簿 (2017年8月現在)

1．理事

秋　田　喜代美	東京大学
安　彦　忠　彦	神奈川大学
○阿　部　　　昇	秋田大学
○池　野　範　男	日本体育大学
石　井　英　真	京都大学
市　川　　　博	横浜国立大学名誉教授
○井ノ口　淳　三	追手門学院大学名誉教授
○梅　原　利　夫	和光大学
○大　野　栄　三	北海道大学
小　川　博　久	東京学芸大学名誉教授
小　柳　和喜雄	奈良教育大学
折　出　健　二	人間環境大学
鹿　毛　雅　治	慶應義塾大学
○片　上　宗　二	安田女子大学
木　原　俊　行	大阪教育大学
久　野　弘　幸	名古屋大学
○子　安　　　潤	中部大学
佐久間　亜　紀	慶應義塾大学
佐　藤　　　学	学習院大学
柴　田　好　章	名古屋大学
柴　田　義　松	東京大学名誉教授
庄　井　良　信	北海道教育大学
白　石　陽　一	熊本大学
田　代　高　章	岩手大学
田　中　耕　治	佛教大学

○田　上　　　哲	九州大学
田　端　健　人	宮城教育大学
鶴　田　清　司	都留文科大学
豊　田　ひさき	朝日大学
○中　野　和　光	美作大学
○西　岡　加名恵	京都大学
○西　岡　けいこ	香川大学
樋　口　直　宏	筑波大学
久　田　敏　彦	大阪青山大学
姫　野　完　治	北海道教育大学
◎深　澤　広　明	広島大学
○藤　江　康　彦	東京大学
藤　原　幸　男	沖縄キリスト教学院大学
松　下　佳　代	京都大学
○的　場　正　美	東海学園大学
三　石　初　雄	帝京大学
三　橋　謙一郎	徳島文理大学
三　村　和　則	沖縄国際大学
○山　﨑　準　二	学習院大学
湯　浅　恭　正	中部大学

【総計45名：五十音順】

【○印は常任理事，◎印は代表理事】

2．監査

田　代　裕　一	西南学院大学
藤　原　　　顕	福山市立大学

日本教育方法学会入会のご案内

　日本教育方法学会への入会は，随時受け付けております。返信用120円切手を同封のうえ，入会希望の旨を事務局までお知らせください。

　詳しいお問い合わせについては，学会事務局までご連絡ください。

【日本教育方法学会事務局】

〒739-8524　東広島市鏡山1-1-1

広島大学大学院教育学研究科 教育方法学研究室気付

Tel / Fax：082-424-6744

E-mail：**hohojimu@riise.hiroshima-u.ac.jp**

　なお，新たに入会される方は，次の金額を必要とします。ご参照ください。

	一般会員	学生・院生
入会金	2,000円	2,000円
当該年度学会費	8,000円	6,000円
計	10,000円	8,000円

執筆者紹介（執筆順）

深澤	広明	広島大学
安彦	忠彦	神奈川大学
中野	和光	美作大学
石井	英真	京都大学
松崎	正治	同志社女子大学
池野	範男	日本体育大学
大田	邦郎	千葉大学
大野	栄三	北海道大学
北田	佳子	埼玉大学
福田	敦志	大阪教育大学
姫野	完治	北海道教育大学
藤江	康彦	東京大学
金井	香里	武蔵大学

教育方法46　学習指導要領の改訂に関する教育方法学的検討
「資質・能力」と「教科の本質」をめぐって

2017年10月20日　初版第1刷発行 ［検印省略］

編　者　©日本教育方法学会
発行人　　福　富　　泉
　　　　　株式会社　図書文化社
　　　　　〒112-0012　東京都文京区大塚1-4-15
　　　　　TEL.03-3943-2511　　FAX.03-3943-2519
　　　　　http://www.toshobunka.co.jp/
組　版　　株式会社　エスアンドピー
印刷製本　株式会社　厚徳社
装幀者　　玉　田　　素子

JCOPY 〈出版者著作権管理機構　委託出版物〉
本書の無断複製は著作権法上での例外を除き禁じられています。
複製される場合は，そのつど事前に，出版者著作権管理機構
（電話 03-3513-6969, FAX 03-3513-6979, e-mail: info@jcopy.or.jp)
の許諾を得てください。

乱丁・落丁本の場合はお取り替えいたします。
定価はカバーに表示してあります。
ISBN978-4-8100-7697-4　　C3337